통찰

통찰명상 수행법

통찰

통찰명상 수행법

구치모 지음

산지니

서언

여기서 통찰(insight)이란 무지(ignorance) 속에서 살고 있는 나를 지켜보며 관찰하는 것이다. 무지라는 어둠 속에서 살고 있는 나의 삶을 꿰뚫어 보는 것이다. 나의 생각, 느낌, 감정 그리고 행동을 지켜보는 것이다. 나의 화 · 질투 · 미움 · 시기 · 자만 · 욕망 등의 감정을 관찰하는 것이고 그리고 이들 감정으로 발생하는 나의 감정적 고통을 꿰뚫어 보는 것이다.

통찰을 통하여 자신의 생각 · 느낌 · 감정이 일어나고 사라지는 현상을 관찰할 수 있는 사람은 이들 삶의 경험이 움직이는 방식과 경향을 알 수 있다. 그리고 삶이 진행되는 과정을 이해할 수 있다. 이러한 삶의 과정을 이해할 수 있는 사람은 자신의 생각 · 느낌 · 감정을 다룰 수 있다.

통찰을 통하여 자신의 생각 · 느낌 · 감정이 만들어내는 감정적 고통이 일어나고 사라지는 현상을 관찰하고 알아차릴 수 있는 사람은 자신의 감정적 고통의 발생과 소멸의 과정을 이해하게 되고 드디어 이들 감정적 고통을 감소시킬 수 있는 능력을 갖게 되는 경지에 이르게 된다. 이러한 경지에 도달한 그는 마침내 자신의 삶의 의미를 깨닫게 된다.

자신의 삶의 의미를 깨달은 그는 지금 여기에서 단순하게 살지만 삶을 낭비하지 않는다. 그의 삶은 자유롭고 평화롭다. 그는 지혜로운 사람이다. 그는 지금 여기에서 무아(non-self)의 노래를 부르면서 행복하다.

감사 인사

먼저 명상 아카데미 회원으로 나의 제자인 동시에 벗들인 청산 김광수, 청송 최우영, 청해 주정윤, 청안 신영호, 청석 정용진, 청연 최효식, 그리고 청매 민명숙에게 감사의 인사를 드리고 싶다. 이들은 수년 동안 나와 함께 명상 수행을 하면서 나의 강의를 경청해주었고 나를 도와주었다. 이들의 수고가 없었다면 이 책은 세상에 나오지 못했을 것이다. 이 저서를 출간하는 시점에 이들에게 감사를 드리고자 한다.

그리고 본 도서의 출판을 허락해주신 산지니 출판사의 대표 강수걸 님에게 감사를 드린다. 늘 산지니 철학으로 살아가는 그는 부산 출판업계의 맏형이다. 그리고 언제나 성실한 자세로 세심하게 편집을 해주시는 편집장 권경옥 님에게 감사를 드린다. 교정을 맡아 수고한 오해은 님에게도 감사의 인사를 표한다.

차례

1부

초심자의 통찰

명상에 입문한 초심자들이 먼저 익혀야 할

호흡수행, 생각수행, 느낌수행 그리고 감정수행을 다룬다.

1

호흡수행

통찰수행은 호흡수행으로부터 시작한다. 호흡수행(breath practice)은 모든 통찰수행의 기본이다. 따라서 통찰수행 공부를 위해서는 먼저 호흡수행을 익혀야 한다. 다음의 호흡수행 안내문이 지시하는 대로 수행을 한다.

호흡수행 안내문

1단계

지금부터 호흡수행을 시작합니다. 먼저 안정된 자세로 앉습니다. 허리를 펴고, 눈을 가볍게 뜨고, 앞을 응시하며, 긴장을 풉니다. 다음에는 숨을 천천히 들이쉬고 내쉽니다. 숨을 들이쉽니다. 들숨이 콧구멍으로 들어가고 목구멍을 거쳐 가슴으로 들어가 가슴과 아랫배가 부풀어 오릅니다. 다음에 숨을 내쉽니다. 날숨이 가슴에서 목구멍을 거쳐 콧구멍으로 나옵니다. 부풀어 올랐던 가슴과 아랫배가 꺼집니다. 이들 숨이 들어가고 나오는 모든 과정에 주의를 기울입니다. 여기서 유의할 점은 당신의 주의를 들숨과 날숨의 모든 과정에 묶어두는 것입니다. 들숨과 날숨의 모든 과정 하나하나에 주의를 붙잡아두는 행위에 마음을 챙겨 숨을 쉬는 것입니다. 숨소리를 내지 않습니다. 천천히 숨을 들이쉬고 내쉽니다. 계속하여 이와 같이 마음 챙겨 숨 쉬는 호흡수행을 합니다.

2단계

호흡수행 중에 당신의 마음에 어떤 생각이 떠오를 수 있습니다. 이 현상은 보통 마음에서 일어나는 자연스런 현상입니다. 이때 유의할 점은 일어난 생각을 그대로 두어야 합니다. 일어난 생각을 억제하거나 혹은 그 생각을 제거해야겠다고 마음을 먹지 않습니다. 이와 같이 생각에 개입하지 않습니다. 당신이 할 일은 일어난 생각을 그대로 두고 오직 호흡수행에 마음을 챙겨 주의를 기울이는 것입니다. 그러면 일어난 생각이 사라집니다. 호흡수행의 끝에 이르러서는 날숨에 초점을 두고 숨을 내쉽니다. 몸이 숨을 쉬면서 이완되면 마음은 생각에서 해방되고 안정됩니다.

이상이 호흡수행이다. 호흡수행에서는 들숨이 들어가고 날숨이 나오는 그 순간순간의 행위에 마음을 챙겨 호흡해야 한다. 숨 쉬는 도중 머릿속에 생각이 떠오르면 그 생각에 개입하지 않고 그 생각을 그대로 두어야 한다. 숨이 들어오고 나가는 순간순간의 행위 그 자체에 마음을 챙기는 집중이 요구된다. 그렇게 하면 호흡수행을 잘하고 있는 것이다.

주의·마음챙김·집중

앞의 호흡수행에서 '주의를 기울입니다.'라는 표현이 있었다. 이때의 주의란 어떤 대상 혹은 어떤 곳에 마음을 두는 의식의 작용을 말한다. 주의(attention)란 '마음이 어떤 대상을 목표로 하여 그 대상으로 향하고 그 대상에 주목하는 마음의 작용'이다. 이 경우 대상은 언제나 마음 앞에 놓인다. 예를 들어 당신의 명상 지도사가 "호흡에 주의를 기울이세요."라고 지시를 하면 이때 당신은 당신의 호흡을 주목 대상으로 하여 당신의 숨이 들어오고 나오는 순간순간의 숨 그 자체에 주의를 두고 집중하면서 호흡을 해야 한다.

통찰수행에서는 항상 어떤 대상에 주의를 기울일 것을 요구한다는 점을 명심하자. 그 대상이 호흡이건 혹은 감각이건 어떤 대상에 마음을 챙겨 주의를 기울이는 수행을 해야 한다.

어떤 대상에 마음을 챙기는(mindful) 것을 마음챙김이라 한다. 마음챙김(mindfulness)이란 주의를 두고 있는 대상을 순간순간의 기준에서 관찰하면서 알아차리는 행위이다. 알아차림(awareness)이란 대상에 대한 나의 앎(knowing)이 다른 생각이나 감정에 지배당하지 않고 오직 그 대상을 향하고 있는 맨 주의(bare attention)의 상태를 말한다. 맨 주의의 상태로 대상을 알아차리는 것을 마음챙김이라 한다. 통찰수행에서는 마음챙김을 유지하는 것이 중요하다. 때문에 주의가 다른 곳으로 이동하여 원래의 대상에 대해 마음챙김을 유지할 수 없는 상태가 되면 주의를 본래의 대상으로 되돌려 마음챙김 상태를 유지해야 한다. 이와 같은 마음챙김에 대해서는 2부에서 더 상세히 다룰 것이다.

대상에 대한 알아차림의 마음챙김을 흩트리지 않고 지

속적으로 유지하는 것을 집중이라 한다. 집중(concentration)이란 어떤 대상에 초점을 맞추어 마음을 그곳에 계속하여 유지시키는 행위이다. 예를 들어 종이 위에 렌즈를 놓고 렌즈와 종이의 거리를 적정하게 조절 · 유지하여 렌즈의 초점을 모아 강한 햇볕으로 종이를 태울 수 있는 상태를 집중에 비유할 수 있다. 통찰수행에서는 집중이 요구된다.

그러나 수행을 하여 보면 곧 알게 되겠지만 우리의 마음을 한곳에 두고, 즉 주의를 보내고 그곳에 마음을 계속 붙잡아두는 집중이 쉬운 일이 아님을 알게 된다. 우리의 마음은 한곳에 오래 머물지 않고 이곳에서 저곳으로, 이 생각에서 저 생각으로 빠르게 옮겨 다니는 성질을 갖고 있다. 이와 같이 주의가 한곳에 오래 머물지 않고 빠르게 이동하는 마음의 상태를 비유하여 원숭이 마음(monkey mind)이라고 표현한다. 원숭이가 나무 위에서 잠시도 쉬지 않고 이 나무에서 저 나무로, 이 가지에서 저 가지로 뛰어다니는 현상을 보고 이를 우리 마음의 상태에 비유한 것이다.

우리의 마음은 이와 같이 항상 산만한 마음(chattering mind)의 상태에 있다. 명상을 처음 배우는 초심자가 명상수행에 보다 익숙해지기 위해서는 마음의 산만한 상태의 성질을 잘 이해하고 이에 관심을 기울여 집중하는 능력을 향상

시켜야 한다.

마음을 한곳에 온전히 집중하는 수행으로 마음이 한곳에 몰입이 되면 선정*에 들어갈 수 있다. 이것은 장시간 마음을 조금도 흩트리지 않고 한 대상에 집중하는 한결같은 온전한 일심(one pointed mind)이다.

집중은 명상에서 요구되는 중요한 요소이지만 그것은 하나의 도구임을 명심해야 한다. 도구는 그것을 사용하는 사람의 마음상태에 따라 선하게도 혹은 악하게도 사용될 수 있다. 이는 날카로운 칼이 음식을 만드는 데 사용될 수 있지만 흉기로도 사용될 수 있음과 같다. 명상가가 자신의 이기심 충족을 위해 집중을 이용한다면 그 집중은 올바른 도구라고 할 수 없다. 타인의 심리상태를 알기 위해 집중의 힘을 이용할 수 있겠지만 그 힘을 자신의 에고(ego)에 봉사하게 한다면 집중의 힘은 수행에 도움을 주지 못하고 오히려 해악이 될 것이다.

마음챙김과 집중은 명상수행을 떠받치고 있는 두 개의

---

* 선정(禪定, 삼매)은 마음을 하나의 대상에 집중함으로써 언어와 개념에 쌓여 있는 표층을 뚫어서 사물의 실상에 직접 닿는 명상 체험이다. 선정만으로는 해탈을 얻을 수 없지만 선정에 기반에 두고, 모든 사물을 있는 그대로 통찰하는 여실지견(如實知見)으로 마음을 향하게 함으로써 해탈의 문이 열린다.

기둥이다. 이 두 개의 기둥의 토대 위에서 올바른 통찰의 길로 나아갈 수 있다. 따라서 초심자는 명상에서 이 둘을 익히는 수행을 하고 이들을 잘 활용해야 할 것이다.

수행
교실

1. 통찰수행의 기본인 호흡수행을 매일 10분 이상 한다.
2. 주의·마음챙김·집중 그리고 알아차림의 뜻을 파악하고 이들을 바르게 사용하면서 호흡수행을 한다.
3. 호흡수행 중에 마음이 산만해지는 것을 인식할 때 마음을 안정시킬 수 있는 방법을 강구한다.

2

생각수행·느낌수행·감정수행

앞 장에서 통찰수행의 기본인 호흡수행을 공부하였다. 이 장에서는 통찰의 기초가 되는 또 다른 수행인 생각수행, 느낌수행, 감정수행을 공부한다.

생각수행

다음의 수행 안내문이 지시하는 대로 수행을 한다.

수행 안내문

1단계

바른 자세로 편안하게 앉습니다. 그리고 먼저 마음 챙겨 숨쉬는 호흡수행을 합니다. 호흡수행은 모든 수행의 기본입니다. 천천히 숨을 들이쉬고 내쉽니다. 숨이 콧구멍으로 들어와 목구멍을 거쳐 가슴으로 들어가는 전 과정을 지켜봅니다. 그리고 숨이 가슴에서 나와 목구멍을 거쳐 콧구멍으로 나오는 전 과정을 지켜봅니다. 숨이 들어오고 나가는 전 과정을 마음 챙겨 바라보면서 알아차립니다.

2단계

호흡수행 중에 어떤 생각이 떠오릅니다. 그 생각은 어제 있었던 일이거나 혹은 어떤 계획, 약속, 대화 혹은 이미지일 수 있습니다. 과거의 일일 수도 혹은 미래의 계획일 수도 있습니다. 고민이나 걱정거리일 수도 있습니다. 이때는 그 생각을 단지 생각으로 여기고 그냥 무시합니다. 그 생각에 사로잡히지 않습니다. 그 생각을 하늘에 떠다니는 한 조각의 구름처럼 여깁니다. 단지 구름을 잠깐 보았을 뿐입니다. 그리고 더 이상 그 생각에 관심을 갖지 않습니다. 그렇게 하면 생각이 사라집니다. 생각이 사라지지 않을지라도 다시 호흡수행을 계속합니다. 그러면 생각이 사라집니다.

3단계

만약 생각이 사라지지 않고 계속하여 머릿속에서 맴돌면 그 생각을 가볍게 바라보면서 '생각일 뿐 생각일 뿐' 혹은 '메아리일 뿐 메아리일 뿐' 하면서 그 생각을 그냥 지켜봅니다. 그냥 지켜볼 뿐입니다. 그러면 그 생각은 어느 순간에 슬며시 사라집니다. 어떤 경우에는 사라졌던 생각이 다시 돌아오기도 합니다. 이 경우에도 생각을 거품과 같이 여기면서 '거품일 뿐 거품일 뿐' 하면서 그 생각을 지켜봅니다. 가벼운 주의로 지켜볼 뿐입니다. 그리고 다시 호흡수행으로 돌아옵니다. 이것이 생각을 다루는 생각수행입니다.

생각수행에서는 그 생각을 나의 생각이라 여기지 않는 태도가 중요하다. 그 생각을 객관적 자세로 가볍게 지켜보아야 한다. 그 생각에 사로잡히지 않기 위해서 그렇게 해야 한다. 그 생각을 구름이나 거품과 같이 여기면서 그것을 흘려보내는 수행을 하여야 한다.

느낌수행

다음의 수행 안내문이 지시하는 대로 느낌수행을 하시오.

수행 안내문

1단계

편안하고 안정된 자세로 앉아 몸의 긴장을 풉니다. 느낌수행에 앞서 마음 챙겨 숨 쉬는 호흡수행을 합니다. 호흡수행은 통찰수행의 기본입니다. 숨이 코로 들어와 목구멍을 거쳐 가슴으로 들어가고 아랫배가 부풀어 오르고 다시 숨이 목구멍을 거쳐 코로 나오는 전 과정을 마음 챙겨 지켜봅니다.

2단계

지금부터 마음 챙겨 느끼는 느낌수행을 시작합니다. 몸에서 일어나는 느낌에 주의를 기울입니다. 몸의 어떤 곳에서 일어나는 느낌에 주의를 기울입니다. 그 느낌은 어떤 느낌이라도 무방합니다. 가려운 느낌, 얼얼한 느낌, 따끔거리는 느낌, 스멀스멀한 느낌, 쑤시는 느낌 등이 있을 수 있습니다. 그 느낌에 마음을 보냅니다. 지금 내 몸에서 발생하고 있는 느낌을 내가 느낍니다. 그리고 그 느낌을 지켜봅니다. 느낌이 약할 수도 강할 수도 있습니다. 느낌이 사라지면 호흡수행으로 돌아옵니다. 숨이 들어오고 나가는 호흡의 전 과정을 지켜봅니다. 그리고 몸의 어떤 곳에서 다시 어떤 느낌이 일어나면 느낌이 일어나는 그곳에 마음을 보냅니다. 그리고 느낌을 지켜봅니다. 이것이 지금 이 순간의 느낌수행입니다.

3단계

느낌수행 중에 당신의 마음에 어떤 생각이 떠올라 마음이 산만해지면 즉시 호흡수행으로 돌아옵니다. 그리고 호흡수행을 합니다. 호흡수행으로 마음이 안정되면 다시 몸에서 일어나는 느낌을 지켜봅니다. 이와 같이 지금 이 순간 몸의 느낌에 내 마음을 머물게 합니다. 이것이 느낌수행입니다.

마음 챙겨 느끼는 느낌수행은 몸의 느낌을 느끼며 집중하는 수행이다. 몸에서 일어나는 감각을 주의 깊게 바라보

는 수행이다. 우리는 느낌수행을 통해 내 몸이 느끼는 감각을 알아차리고 이해하는 수행을 할 수 있다.

감정수행

다음의 수행 안내문이 지시하는 대로 수행하시오.

수행 안내문

1단계

먼저 바른 자세를 취한 후 호흡수행을 시작합니다. 호흡수행 중에 생각이 떠오르고 느낌이 일어나고 감정이 생길 수 있습니다. 그러면 그 감정을 지켜봅니다. 기쁜 감정, 슬픈 감정, 무섭고 두려운 감정 등이 일어날 수 있습니다. 생각과 느낌에 따라 다양한 감정이 일어날 수 있습니다.

2단계

감정이 일어날 때는 그 감정을 바라보지만 감정에 사로잡히지 않아야 합니다. 그러기 위해서는 그 감정을 나의 감정이라 여기지 않고 하나의 객관적 사건으로 바라보는 태도가 요구됩니다. 지금 나의 지각에 나타난 감정은 하나의 바람에 불과하고 그래서 곧 사라질 것이라고 보는 태도가 필요합니다. 여기서 중요한 점은 머릿속에서 떠오른 생각, 몸에서 일어나고 있는 느낌과 더불어 발생한 감정에 휩싸이지 않고 그 감정을 다만 가볍게 지켜보아야 한다는 점입니다. 생각 • 느낌 • 감정을 나의 것이라고 여기지 않고 그것들에 가벼운 주의를 보내며 객관적으로 바라보는 것입니다. 그것들을 가볍게 바라보면서 “바람일 뿐! 바람일 뿐!” 하고 읊습니다. 그러면 감정은 잠시 일어났던 바람과 같이 천천히 사라집니다.

3단계

감정이 사라지면 다시 호흡수행으로 돌아옵니다. 그러나 사라졌던 감정이 다시 되돌아올 수도 있습니다. 그러면 그 감정을 가볍게 지켜보면서 ‘감정일 뿐 감정일 뿐’ 하면서 감정을 흘려보냅니다. 감정이 사라지면 다시 호흡수행으로 돌아옵니다.

감정수행에서는 발생한 감정을 나의 감정으로 받아들이지 않고 단지 스쳐 지나가는 바람으로 인식하는 태도가 중요하다. 그것이 화의 감정이든 두려운 감정이든 그것을 지켜볼 뿐이다. 그러면 그것들은 더 큰 지각의 장에서 용해되어 햇살에 안개가 사라지듯 사라진다.

지금까지 우리는 통찰을 위한 기초 수행인 호흡수행, 생각수행, 느낌수행, 감정수행을 하였다. 초심자가 반드시 수행해야 할 기초 수행이다. 기본은 호흡수행이다. 우리의 주의를 마음 챙겨 호흡의 전 과정에 기울이면서 집중하여 그것을 지켜보는 것이었다. 그리고 우리는 생각 · 느낌 · 감정수행을 하면서도 호흡에서 시작하여 호흡으로 돌아와 수행을 끝냈다. 생각 · 느낌 · 감정수행에서는 그것들에 사로잡히지 않고 그것들을 객관적으로 가볍게 바라보면서 그것들을 하나의 거품과 같이 그리고 사라질 바람과 같이 흘려보내는 방식으로 수행하였다.

우리는 마음을 챙겨 집중해야 할 대상에는 집중하고 그렇게 하지 않아야 할 대상을 흘려보내는 수행을 하였다. 이와 같이 수행한다. 때로는 집중하던 대상일지라도 어느 시점에는 흘려보낼 줄도 알아야 한다. 이렇게 마음 챙겨 집중하고 그리고 또 흘려보낼 줄 아는 것, 이것이 통찰수행의 핵심이다.

우리는 생각이나 느낌 그리고 감정에 사로잡히지 않고 그것을 바라볼 수 있어야 하고 그것들을 흘려보낼 수 있어야 한다. 그렇게 함으로써 우리는 침묵 속에서 마음의 자유와 평화를 얻을 수 있는 통찰의 길에 들어설 수 있다.

수행 교실

4. 생각수행·느낌수행·감정수행을 매일 각각 10분 이상 실시한다.
5. 이들 수행을 실시한 후 당신이 터득한 당신의 견해를 이야기해본다.

2부

마음챙김수행

통찰명상의 핵심 축인 정좌(正坐)

마음챙김수행을 다룬다.

그리고 정좌 마음챙김수행에 수용과

자기연민을 포함시켜 수행하는 방법을 다룬다.

3

정좌 마음챙김수행

앞의 1장 호흡수행에서 마음챙김의 뜻을 간략하게 살펴보았다. '마음챙김(mindfulness)이란 주의를 두고 있는 대상을 순간순간 관찰하면서 알아차리는 행위'라고 하였다. 여기서 알아차림(awareness)*이란 주의를 두고 있는 대상에 대한 나의 앎이 다른 생각이나 감정에 지배당하지 않는 맨 주의(bare attention)의 상태에 있다는 것도 이미 언급하였다.

'마음챙김'이라는 용어는 영어 'mindfulness'를 우리말로 옮긴 용어이다. 이 단어는 고대 인도의 언어인 팔리(Pali)어의

* 틱낫한(Thich Nhat Hanh) 스님은 알아차림을 여섯 개의 감각기관과 여섯 가지 감각대상에 대해 관찰하는 것이라고 하였다. 이는 다섯 개의 외부 영역의 알아차림(시각, 청각, 후각, 미각, 촉각)과 내부영역의 알아차림(의식)을 인식하는 것이 '지금 여기'의 세계와 접촉하는 것이라는 의미이다. 이는 우리의 외부 환경에서 일어나는 것과 우리 내면의 마음에서 일어나는 것을 감지하는 것을 뜻한다.

'사티(sati)'라는 용어를 서구인들이 영어로 'mindfulness'라고 번역한 단어이다. 마음챙김이란 마음이 집중하고 있는 대상을 순간순간 관찰하고 알아차리는 행위이다. 그리고 알아차리고 있는 대상이 마음에서 빠져나가면 다시 그것을 불러들여 관찰하고 알아차리는 수행이다. 따라서 '마음챙김이란 마음이 대상에 현존하는 것으로, 분별적인 사유나 숙고에 휩싸이지 않고 대상을 알아차리고 관찰하는 것을 말한다.'*

영국의 유명 명상가 로브 네른(Rob Nairn)**은 그의 저서 『마음챙김과 통찰(From Mindfulness to Insight)』***에서 마음챙김을 다음과 같이 정의하였다.

"어떤 일이 발생하고 있는 동안, 발생하고 있는 그것을 선호

---

* 전재성 역주, 『디가니까야』, 한국빠알리성전협회, 2011, p.42.

** 로브 네른(Rob Nairn)은 티베트 불교의 전통을 중시하는 명상가로 영국에서뿐만 아니라 유럽 전역에서 명성이 높다. 그는 일찍이 달라이 라마(Dalai Lama)로부터 명상을 가르칠 것을 권유받고 명상 교육의 길에 나섰다. 2010년 영국에서 마음챙김협회(Mindfulness Association)를 창립하여 명상을 가르치고 보급하는 일에 앞장서고 있다. 저서로는 『금강석 마음: 명상의 심리학』(2001) 그리고 『삶, 꿈, 죽음』(2004)이 있다. 특히 그가 보급하고 있는 「마음챙김에 근거한 삶의 코스(Mindfulness Based Living Course: MBLC) 프로그램은 지금 영국, 아일랜드, 아이슬란드, 남아프리카 공화국, 벨기에, 이탈리아, 스페인 그리고 폴란드에서 유행하고 있다.

*** 구치모 · 김광수 · 최우영 옮김, 산지니, 2022.

없이 아는 것"

이 정의에서 '아는 것(앎)'이란 우리의 마음속에서 일어나고 있는 것이나 혹은 외부 환경에서 일어나고 있는 것을 알아차리는 것이고 우리가 알아차리고 있는 것을 아는 것이다. 그리고 그것을 선호 없이 아는 것이다. 좋아하고 싫어하는 선호가 없는 맨 주의의 알아차림이다. 통찰은 이와 같은 알아차림으로부터 시작한다. 따라서 마음챙김을 수행할 때 반드시 유념해야 할 요점은 항상 마음속에서 일어나고 있는 것이나 외부 환경에서 일어나고 있는 것을 관찰하면서 이를 알아차려야 한다.

그러나 마음챙김수행을 하고 있는 수행 중에도 머릿속에서 다른 생각이 떠오르고, 그 생각에 빠지고, 그 생각에 사로잡혀 원래 하고 있던 마음챙김을 놓치는 경우가 많다. 이와 같이 우리가 어떤 일을 하고 있는 경우에 지금 하고 있는 일을 관찰하며 알아차려야 하지만 그렇지 못하고 머릿속에는 엉뚱한 다른 생각이 일어나 그 생각에 사로잡혀 있는 경우가 많다. 이렇게 다른 생각에 빠지는 경우는 수행의 경로에서 이탈한 것이므로 마음 챙겨 수행하고 있는 것이 아니다. 따라서 수행을 계속하기 위해서는 원래의 마음챙김

상태로 복귀하는 일이 요구된다.

우리의 삶에서 우리가 어떤 행위를 할 때 마음 챙겨 집중하여 일을 처리하는 경우는 드물고 거의 대부분 우리는 자동조종(autopilot)모드*에 빠져 습관적으로 일을 처리하며 살아가고 있다. 예를 들어 부엌에서 설거지를 하면서도 설거지 행위에 마음을 챙겨 집중하지 않고 손은 설거지를 하고 있지만 머릿속에는 다른 생각이 떠올라 오락가락하는 경우가 대부분이다. 이것이 우리의 보통의 삶이다.

지금 하고 있는 일을 마음 챙겨 집중하여 하기보다는 다른 생각에 빠져서, 즉 어제 있었던 일을 후회하는 생각 혹은 내일 할 일에 대해 걱정하는 생각에 빠져 있으면서 습관적으로 일을 하고 있다. 대부분의 경우 우리는 지금 하고 있는 일을 온전하게 알아차리고 있는 현존 상태에 있다기보다 마음속에 떠오르고 있는 다른 생각에 빠져 있는 상태에서 시간을 보내고 있는 경우가 많다. 그리고 어떤 경우에는 어떤 하나의 생각에 강박적으로 매달리기도 한다. 혹은 어떤 생각을 할 때에도 그 생각이 일련의 다른 생각으로 바뀌기

---

* 현재의 순간에 하고 있는 일을 자각하지 않고 다른 생각을 하면서 그저 그 일을 기계적, 습관적으로 처리하는 것을 말함.

도 하고 또한 분별*에 빠져 더 이상 순간순간의 경험이 갖는 직접성과 선명성을 잃고 살아가고 있다. 우리는 오늘도 일상생활에서 생각하면서, 분별하면서 바쁘게 살아가고 있는 삶을 살고 있다.

우리의 삶이 자동조종모드에 끌려 습관에 따라 영위되는 기계적인 삶이 될 때 우리는 그러한 삶을 무지의 삶이라 한다. 알아차림이 없는 무지의 삶은 둑카(dukkha), 즉 괴로움이다.

우리가 둑카라는 괴로움의 굴레에서 벗어나 보다 자유롭고 평화로운 삶을 살기 위해서는 둑카에 빠지지 않는 수행, 즉 마음챙김수행을 통하여 통찰의 길로 나아가야 한다. 우리는 마음챙김수행을 통하여 강박적 사고의 습관적인 삶에서 벗어나 통찰의 길로 나아갈 수 있다.

지금부터는 방석에 앉거나 혹은 의자에 정좌하여 마음

---

* 생각이란 마음속에서 끊임없이 일어나는 상상, 기억, 느낌 등의 자극을 말한다. 생각이 일어나는 순간에는 생각은 널찍하고 자유로운 상태이다. 그러나 우리의 마음속에 있는 또 다른 시스템인 자기중심적 선호시스템(egocentric preference system, EPS)이 일어난 생각에 대응하여 그 생각을 확인한다. 이때 생각의 널찍하고 자유로운 상태는 사라진다. 이와 같이 자기중심적 선호시스템이 생각에 반응하고 개입하는 것을 분별이라 한다. 분별의 순간은 융합의 순간이다. 분별은 위축, 스트레스 그리고 부조화의 느낌을 수반한다. 붓다가 말한 둑카(dukkha)이다.

챙김수행을 공식적인 절차에 따라 단계를 밟아가며 수행하는 방식을 제시한다. 마음챙김은 일상생활에서 언제 어디에서도 항상 가능하지만 통찰을 가능하게 하고 그 깊이를 더욱 깊게 하기 위해서는 마음챙김수행을 정좌하여 공식적으로 단계별로 수행해야 한다. 그 단계는 수행의 자세, 의도와 동기, 안정화, 접지화, 안식화, 지원 그리고 안식과 지원의 교대이다. 이들을 예비 단계, 본 단계 그리고 지원 단계로 나누어 고찰한다.

예비 단계

자세(posture)

앞의 1부에서는 수행의 자세에 대해 상세하게 언급하지 않았다. 그러나 공식적인 정좌 마음챙김수행에서는 자세가 중요하기 때문에 수행의 자세에 대해 상세히 설명한다. 올바른 자세가 수행을 바른 길로 인도한다. 올바른 자세로 몸과 마음을 안정시켜 고요한 상태를 유지함으로써 수행을 장시간 진행할 수 있기 때문이다.

전통적으로는 명상을 방석 위에서 해왔지만 오늘날에

와서는 의자에 앉아서 수행하는 것도 허용된다. 몸과 마음을 안정시켜 수행을 지속하는 일이 의자에 앉아서도 가능하기 때문이다. 방석 위에서는 가부좌 자세를 취하거나 책상다리 혹은 무릎을 꿇어서 수행한다. 그리고 허리를 펴서 등뼈를 곧게 한다. 가슴을 펴야 하고 고개를 약간 숙인 상태에서 눈을 가볍게 뜨고 앞을 본다. 손을 무릎 혹은 허벅지 위에 놓거나 아랫배의 단전 위에 놓되 편안함이 담보되는 자세가 되도록 한다. 동시에 얼굴, 어깨 그리고 복부의 긴장을 완화한다. 의자를 사용할 때도 방석에서 하는 동일한 자세를 유지하거나 혹은 약간 변형된 자세를 유지하되 이를 위해서는 팔걸이가 없는 식탁의자를 사용하여야 하고 등을 의자에 기대지 않도록 한다.

자세가 중요하다. 자세는 마음챙김수행이 이루어지는 신체적 공간을 담보하기 때문이다. 마음의 작용이 진행되는 과정을 지켜보면서 알아차리기 위해서는 편안한 자세가 담보되어야 한다. 내 몸 안에 있는 내면의 생각, 느낌, 지각과 그리고 이들 사이에 있는 공간을 감지하고 이 공간에 생기를 불어넣고 알아차림을 유지하기 위해서는 먼저 편안한 자세가 필요하다. 올바른 자세는 이와 같은 일을 하기 위한 조건을 만든다.

의도와 동기(intention and motivation)

자세를 바로잡고 난 뒤 의도를 반영하는 것에서 마음챙김수행을 시작한다. 우리는 지금 통찰수행을 하고 있다. 나의 몸과 마음에 물들여져 있는 불건전하고 사악한 요소를 제거하고 치유하여 바른 사람, 자유로운 사람, 평화로운 사람 그리고 행복한 사람이 되기 위해 수행을 하고 있다. 우리의 이러한 의도는 강력하다. 따라서 수행 중에 어떤 어려운 난관에 봉착하더라도 이를 극복할 수 있어야 한다. 가령 수행 중에 졸음이 밀려오면 수행을 하기 전에 가졌던 의도를 상기하고 세수를 한 뒤 다시 수행에 임해야 한다. 바쁜 일과의 삶 속에서도 일정시간을 확보하여 명상 수행을 즐길 수 있는 힘은 우리의 강력한 의도 때문에 생긴다. 의도의 힘은 강력하다. 왜냐하면 그것이 우리가 원하는 방향으로 우리의 마음을 향하게 하는 힘을 주기 때문이다. 우리의 에너지는 우리가 원하는 방향으로 흐른다.

다음에는 수행의 동기를 반영한다. 의도가 우리가 하고 있는 행동의 목적을 명확하게 하는 것이라면 동기는 그 행동을 하는 이유를 밝히는 것이다. "나는 왜 마음챙김수행을 하고 있나?" 나의 가장 깊은 곳에 숨어 있는 가능성을 발굴

하고 이를 활성화시켜 나에게 유익함을 줄 수 있기 때문이다. 그리고 다른 사람과 온 세상에도 유익함을 줄 수 있기 때문이다. 수행 중에도 수시로 동기를 회상하여 마음챙김수행에 에너지를 불어넣는 수행의 동기를 반영해야 한다. 의도와 동기에 대한 반영을 한 후에는 본격적으로 마음챙김수행의 본 단계에 진입한다.

본 단계

안정화(settling)

이 단계는 마음을 안정시키는 단계이다. 마음을 안정시키기 위해 먼저 해야 하는 일은 호흡을 조절하는 것이다. 즉 호흡수행이다. 보통 일상생활의 경우보다 더 느리게 들숨과 날숨을 들이쉬고 내쉰다. 그리고 다음에는 들숨과 날숨을 쉬면서 숫자를 센다. 들숨에 3 내지 4까지 세고 날숨에도 3 내지 4까지 센다. 천천히 숫자를 세면서 호흡한다. 들숨에 하나 둘 셋 넷 세고 날숨에 하나 둘 셋 넷 센다.

호흡을 조절하고 숫자를 세는 것에 주의를 둠으로써 현재의 순간에 초점을 맞출 수가 있다. 현재의 순간에 초점을 맞출 수 있으므로 우리는 생각이나 혹은 다른 활동에 관여하지 않고 있다. 이것이 마음을 안정시키는 방법이다.

접지화(grounding)

마음이 안정되면 호흡조절과 숫자 세기를 중단하고 몸에 대한 감각을 알아차리는 단계로 나아간다. 몸의 어떤 곳에서 일어나는 감각을 알아차리는 것이다. 몸의 감각에 대한 알아차림도 마음을 현재에 머물게 하는 수행이다. 마음은 과거와 미래로 갔다 왔다 할지라도 몸은 언제나 현재에 존재하고 있기 때문에 몸에 대한 알아차림을 여는 것이 자신을 현재에 머물게 한다. 몸에서 어떤 느낌도 찾을 수 없다면, 발이 바닥에 닿고 있는 느낌 혹은 엉덩이가 의자 면에 접촉하고 있는 느낌에 주목한다.

몸에서 일어나는 느낌을 느끼는 이 기술은 통찰을 일어나게 하는 중요한 기술이다. 이것은 몸에 체화된(embodied) 느낌의 경험이 우리의 분별하는 마음이 접속할 수 없는 숨겨진 지혜의 저수지에 접속할 수 있게 하기 때문이다. 우리의 몸 안에는 많은 개인의 감정의 역사가 내장되어 있다. 몸 안에서 쉬는 것과 몸의 미세한 느낌이나 감각에 접속하는 것은 우리 존재의 깊숙한 곳과 소통하는 연결 통로를 여는 것이다. 접지화는 가볍게 점검하면서 지나갈 수도 있다.

안식화(resting)

이제는 몸의 어떤 한 곳에 대한 알아차림에서 몸 전체에 대한 알아차림으로 나아간다. 몸을 대상으로 하여 그것을 하나의 전체로 인식하는 알아차림을 연다. 그리고 몸을 둘러싸고 있는 사람과 사물과 이들 사이의 공간에 대한 알아차림을 연다. 주변의 시각적 인상, 냄새, 소리에 대해서도 알아차림 한다. 그리고 방향을 돌려 내면의 생각, 감각, 감정에 대한 알아차림을 연다. 이와 같이 안식이란 우리의 감각을 통하여 우리에게 오는 모든 경험과 함께 존재하면서 그리고 그 경험들을 바라보면서 쉬는 것을 의미한다. 따라서 우리는 이 단계에서는 우리 경험의 모든 것 한가운데에서 그들 경험을 허용하고 받아들이는 느낌과 함께 편하게 쉰다.

안식이 통찰수행에서 대단히 중요하다. 깊은 이해와 통찰은 우리 경험의 모든 측면—그것은 좋은 것, 좋지 않은 것, 엉망인 것 그리고 부끄러운 것 등등이 있다—을 열고 그것들 한가운데서 단순히 현존하면서 쉴 수 있어야 가능하다. 우리의 지혜는 이미 우리 안에 있지만 우리의 에고(ego)가 그것을 가로막고 있기 때문에 지혜의 문을 열기 위해서는 그렇게 해야 한다. 안식은 우리 내면의 지혜의 문을 열고 이 지혜가 의식의 알아차림 속으로 나오게 하는 통로를 만든다. 이 주제에 대해서는 뒷부분의 통찰수행에서 더 자세히 공부할 것이다.

초심자는 안식의 국면에 오래 머물 수 없다. 왜냐하면 우리의 마음이 곧 산만해져서 어떤 생각에 빠져버리기 때문이다. 따라서 우리는 마음챙김수행을 계속하기 위해 지원의 힘을 빌려야 한다.

지원 단계

마음챙김 지원(mindfulness support)

여기서 지원이란 안식 단계에서 마음이 어떤 생각의 흐름에 빠져 그 생각의 흐름에서 빠져나올 수 없을 때 마음이 빠져나올 수 있게 도움을 주는 호흡이나 소리를 말한다. 마음챙김수행 중에 생각의 흐름에 빠졌다는 것을 알아차렸을 때 우리의 주의를 호흡이나 소리로 돌려 그 생각의 흐름에서 빠져나올 수 있고 마음을 다시 안정시킬 수 있다. 그리하여 다시 접지화를 거쳐 안식화에 이르고 안식할 수 있다. 이렇게 우리는 지원의 힘을 빌려 명상을 계속할 수 있다.

그러나 지원을 이용할 때에는 이것을 가볍게 사용해야 한다. 이 지원이 우리의 내면이나 혹은 바깥에 있는 것에 대한 우리의 알아차림을 방해하지 않아야 하기 때문이다. 마음챙김수행의 안식화 단계에서는 우리의 내면과 주변에 대한 알아차림을 유지하는 것이 중요하다. 예를 들어 이를 설명하여보자.

손님이 많은 식당에서 음료수를 서빙하는 종업원의 경우, 종업원은 음료수를 안전하게 운반하기 위해 음료수 잔에 주의를 기울여야 하지만 주변에 있는 손님들도 의식해야 한다. 만약 주변에 서성이고 있는 사람들을 무시하고 음료수 잔에만 주의를 기울인다면 주변의 사람들과 부딪혀서 음료수를 쏟을 수 있다. 반대로 음료수 잔에 대한 주의는 무시하고 주변에 있는 사람들에게만 주의를 두어도 역시 음료수를 쏟을 가능성은 높다. 음료수와 주변 손님에 대한 주의가 모두 필요하다.

마음챙김수행에서 지원을 이용해야 할 경우에는 위와 같은 방식으로 지원을 사용한다. 마음챙김수행을 유지하기 위한 호흡이나 소리라는 지원에 주의를 가볍게 보내면서도 동시에 안식상태에서의 알아차림을 계속 유지해야 한다. 우리는 우리의 몸과 가볍게 접속하면서 우리의 내면이나 주변에서 진행되는 모든 경험을 알아차리는 수행을 계속하고 있다.

지원에는 여러 가지가 있을 수 있지만 보통 호흡과 소리가 있다. 호흡을 마음챙김수행의 지원으로 이용할 때는 이 호흡을 가볍게 사용하면서 다른 모든 경험에 대한 알아차림을 유지한다. 애초에 안식화 상태에서 어떤 생각이 불쑥 떠올라 안식을 방해받았기 때문에 호흡의 힘을 빌려 몸과 가볍게 접속하면서 생각에서 멀어지고 다시 안식상태에 접속할 수 있다. 이 경우 보통 호흡에 30% 정도, 접지와 안식상태에 70% 정도의 주의를 기울인다. 소리를 지원으로 이용하는 경우에도 마찬가지이다.

소리를 지원으로 이용하는 경우의 소리는 우리의 주변에서 들리는 소리뿐만 아니라 우리 내면의 소리도 이용할 수 있다. 어느 경우이든 다만 소리를 적극적으로 경청하지 않고 귀에 들리는 그대로 소극적으로 받아들인다.

마음챙김수행에서 호흡이나 소리를 지원으로 이용할 경우에 특히 유념해야 할 사항은 호흡이나 소리 자체에 이끌려 다른 모든 경험을 배제하는 경향으로 흐를 수도 있음을 알아야 한다는 것이다.

지원을 이용하는 경우는 마음이 방황하고 있는 경우이기 때문에 마음 방황을 끝내기 위하여 지원에 더 강하게 집중하기 쉽다. 이렇게 하면 역효과가 난다. 마음에 긴장이 생기고 안식을 가져오는 열린 알아차림*이 배제되기 때문이다. 따라서 지원을 이용하는 최상의 방법은 실패한 감각을 받아들이면서 긴장을 완화하고 마음이 현재에 머무는 것과 산만해지는 것 사이에서 가볍게 왔다 갔다 하는 것이다.

그리고 그 사이에는 부분적인 산만함도 있다. 이렇게 수행하면 생각이나 느낌이 오고 가는 것을 알아차릴 수 있을 뿐만 아니라 보는 것 그 자체에 대한 알아차림을 유지하면서 안식할 수 있다.

안식과 지원의 교대

수행이 어느 정도 안정되면 지원을 놓아버리고 마음의 흐름을 관찰할 수 있다. 이제 우리는 우리의 주의를 지원—호흡 혹은 소리—에 두지 않고 우리의 경험에서 일어나는 많은 것들, 예를 들어 생각, 느낌, 감정, 이미지 등을 알아차린다. 여기에서는 몸과의 연결을 유지하고 이 순간의 온전

---

* 열린 알아차림(open awareness)이란 '대상 없이 고요함이 지속되는 명상'을 말한다. 선택 없는 알아차림(choiceless awareness)이라고도 한다.

한 경험에 알아차림을 여는 것이 중요하다. 즉 지원을 놓아버리고 안식화의 국면에 머문다. 그러다 필요하면 다시 지원으로 돌아온다. 지원은 마음챙김수행에서 필요할 때 항상 사용할 수 있는 닻과 같은 것이다. 그러다 마음이 안정되면 지원을 놓아버리고 경험의 흐름을 가볍게 인식하며 바로 쉰다.

지원에 초점을 가볍게 두는 것과 그것을 놓아버리고 열린 알아차림이 존재하는 곳으로 교대로 왔다 갔다 하는 이 방식이 통찰을 용이하게 하는 조건을 만든다. 지원을 이용하여 현존의 근력을 키울 수 있기 때문이다. 이와 같이 우리는 마음챙김수행을 계속할 수 있다.

수행 교실

6. 마음챙김의 뜻을 구체적으로 설명해 본다.
7. 알아차림이란 무엇인가?
8. 안정화·접지화·안식화란 구체적으로 무엇을 의미하는가?
9. 지원이란 무엇인가? 그리고 명상 수행에서 지원이 왜 중요한가?
10. 정좌 마음챙김수행을 예비 단계·본 단계·지원 단계의 순서에 따라 수행을 진행한다.

4

수용과 네 단계

수용

마음챙김수행에서 수용(acceptance)이란 우리의 마음에서 일어나는 것을 있는 그대로 받아들인다는 뜻이다. 여기서 받아들인다는 의미는 마음에서 일어나고 있는 것을 용납해야 한다는 의미가 아니다. 또 그것을 좋아해야 한다는 뜻도 아니다. 그리고 바꿀 수 없는 불쾌한 상황을 소극적으로 체념한다는 것도 아니다. 그것은 우리 내면에서 일어나고 있는 것의 경로를 아는 정도의 상태에 있는 것이며 그것을 알아차리고 있는 것이다.

만약 우리가 우리의 내면에서 일어나고 있는 힘든 느낌이나 감정을 수용하지 않고 그것을 싫어하거나 혹은 그것과 싸운다면 우리는 다음과 같은 문제에 직면하게 된다. 즉 힘든 느낌 그 자체와 또 그것을 싫어하고 저항하는 심리상태에 처하게 된다. 때문에 이로 인하여 내면에서 일어난 느낌이나 감정을 객관적으로 바라보는 일이 어려워진다. 우리의 내면이 저항의 힘 아래에 있기 때문이다.

아마 우리의 반응은 사려 깊지 못할 것이고 이미 길들여져 있는 습관에 따라 행동할 것이다. 예를 들어 우리가 수행 중에 문득 불안한 마음이 일어났다고 하자. 이때 우리가 이에 대해 즉각 반응하여 도전한다면 우리는 긴장, 흥분하게 될 것이고 그 결과 알아차림은 사라질 것이다.

이와 반대로 우울하고 불안한 느낌을 알아차리고 그것의 느낌을 그대로 받아들이는 수용을 수행하면서 동시에 마음챙김 지원에 가볍게 주의를 두면, 우리는 그 느낌에 대해 열린 상태에 있게 되고 우리가 필요로 하는 것을 파악하는 수준의 입장에 있게 될 것이다.

수용의 중요성을 드러내는 붓다의 말씀이 있다. 두 번째 화살의 경이 그것이다.* 붓다는 현명하고 선한 사람도 첫 번째 화살, 즉 피할 수 없는 삶의 고통이라는 화살에 맞을 수

---

* 이중표, 『정선 쌍윳따 니까야』, 불광출판사, 2021, p.707-710.

있다고 하였다. 우리 모두는 물론 성인이라 할지라도 질병 · 노화 · 상실 · 성쇠 · 죽음 등의 고통을 겪는다. 이것이 우리가 맞는 첫 번째 화살이다. 그리고 우리들 대부분은 첫 번째 맞은 화살로 인한 고통 위에 첫 번째 화살을 맞았을 때 보다 더욱 심한 고통의 화살을 맞는다.

이 화살은 첫 번째 화살을 맞은 곳에서 일어나는 통증을 느끼지 않기를 바라는 '저항 강박(resistance obsession)'이라는 화살이다. 이것은 첫 번째로 맞은 화살로 인해 발생한 통증을 회피하고 또 그것에 저항하고 억제하는 데 에너지를 사용함으로써 발생하는 새로운 통증이다.

우리 대부분은 첫 번째 화살로 인한 통증을 느끼지 않으려는 저항 강박의 습관에 빠져 살고 있다. 이 두 개의 화살 모두에 대한 치유는 수용이다. 그것은 첫 번째 화살의 통증을 자신에게 허용하고 그리고 두 번째 화살인 저항 강박도 수용하는 것이다. 이 수용은 우리 안에서 일어나는 힘들고 고통스런 느낌과 감정을 받아들이는 것이고 이를 명확하게 보는 것이다.

수용에서 명심해야 할 것은 우리는 지금 우리 내면의 세계가 직면하고 있는 문제를 다루고 있다는 사실이다. 우리 외부의 세계에서 일어나고 있는 사실을 다루고 있는 것이 아니다. 우리 외부의 세계에서 일어나는 일에 대해서는 내면의 세계에서 일어나고 있는 규칙과는 다른 규칙을 적용할 수 있다. 외부 세계에서 일어나는 일에 대해서는 다른 규칙을 적용하여 상황을 주도하고 맞설 수도 있다. 수용을 사회적 불의에 대해 무관심하고 아무 일도 하지 않는 것이라고 오해하지 않아야 한다. 우리는 지금 마음챙김수행에서 우리 내면의 세계에서 일어나는 일을 다루고 있음을 유념해야 한다.

우리가 마음챙김수행의 맥락에서 수용을 언급할 때는 우리 마음에서 일어나고 있는 것을 내면의 수준에서 어떻게 받아들일 것인가에 관한 문제이다. 그것은 마음속에서 일어나는 것에 대해 공정한 목격자가 되고 그리고 우리의 생각이나 느낌이 그 자신의 방식으로 열리는 공간을 만들어 주기 위해서 아무것도 하지 않는 것이 최선의 방법이라는 것이다. 이렇게 함으로써 우리의 생각이나 느낌이 그들 스스로 놀 수 있는 공간을 만들어 줌으로써 우리가 알아야 할 모든 것이 스스로 드러나게 할 수 있다는 것이다.

이때 우리는 마음에 드러난 이슈나 경험을 이해하려는 시도를 하지 않아야 한다. 만약 그렇게 하면 우리 자신이 그 생각이나 느낌에 머무르게 되고, 거주하게 되고 그리고 반추하게 되는 역효과를 낳게 되기 때문이다. 이렇게 되면 우리는 분별 활동에 개입하는 것이다. 따라서 마음챙김수행에서는 마음에서 일어나는 것이 무엇이든지 그것을 무조건적으로 수용하는 태도가 요구된다.

수용의 네 단계

마음챙김수행에서는 수용을 네 단계의 방식에 따라 진행한다. 이 단계를 따라 하면 수용이 가능하고 올바른 마음챙김수행이 가능하다. 이 방법을 일명 RAIN이라 한다.

RAIN은 다음 4개의 영어 단어 맨 앞 문자를 조합하여 만든 단어이다.

R : Recognise(인식하기)

A : Allow(허용하기)

I : Intimate Attention(친밀한 관심)

N : Non-Identification(비동일시)

처음의 인식하기는 정상적인 마음챙김수행의 일부이다.

우리는 '어떤 일이 발생하는 동안 발생하고 있는 그것을 아는' 수행을 하고 있다. 발생하는 그것을 아는 것이 인식하는 것이다. 예를 들어 수행 중에 불안한 마음이 일어나면 불안한 마음에 끌려가지 않고 그 불안한 마음을 바로 바라볼 수 있다면 그것은 불안을 인식하는 것이다.

다음은 허용하기이다. 이 단계는 불안을 인정하고 받아들이는 단계이다. 불안에게 "안녕, 불안!" 하면서 인사를 한다. 불안을 마음에서 허용하고 그리고 그 불안에 대한 저항이 마음에서 일어나면 그 저항마저도 허용한다. 이러한 행위는 우리 내면에서 일어나는 생각이나 감정을 배척하지 않고 그것을 포용하는 것이다. 불안을 허용함으로써 불안에 대해 바로 반응하지 않고 불안이 우리의 다른 경험과 함께 놀 수 있는 마음속의 공간을 만든다. RAIN에서 인식하기와 허용하기는 정상적인 마음챙김수행의 일부이다. 어떤 생각이나 감정이 일어날 때마다 그것을 인식하고 허용한다.

이렇게 하면 그 생각이나 감정은 슬며시 사라지기도 한다. 그러나 어떤 생각이나 감정은 매우 강하여 사라지지 않는다. 혹은 사라졌다가 다시 되돌아온다. 물론 이런 경우에는 우리의 주의를 지원으로 돌려 되돌아온 그 생각이나 감정의 포획에서 벗어나야 한다.

그리고 우리는 그 생각의 포획에서 벗어나기 위해서 친밀한 관심이라는 세 번째 단계를 밟아 나간다. 친밀한 관심의 단계에서는 다음의 방식으로 마음챙김수행의 초점을 다른 곳으로 이동시켜 이슈나 감정에 밀착된 관심을 보낸다.

몸에 대한 마음챙김

마음의 어떤 작용으로 인해 몸에서 일어나는 감각을 알아차린다. 가령 불안한 마음의 경우 불안으로 인해 몸의 어떤 부분에서 일어나는 감각을 알아차린다. 그리고 긴장, 마비, 열 등도 인식한다. 그리고 이것들을 허용한다. 이것들이 사라지기를 바라지 않고 저항하지도 않는다.

감정적 느낌

몸에 대한 감각이 만들어내는 감정의 느낌을 알아차린다. 그리고 그것을 허용한다.

생각에 대한 마음챙김

감정을 느끼면 그 감정이 우리에게 이야기하고 있는 생각에 대해 마음챙김 한다. 머리에서 떠돌고 있는 생각, 이야기 혹은 신념에 대해 마음챙김 한다. 이때는 그 생각에 사로잡히지 않고 그 생각을 알아차려야 한다.

경험과의 관계

위에서 느꼈던 경험이나 머릿속에 떠오른 생각이 영속하는 것인지 아니면 곧 사라질 것인지를 본다. RAIN의 마지막 단계는 비동일시이다. 여기서 우리는 지금 나의 정신 상태 혹은 감정에 대해 묻는다. "이 감정이 진실한 나인가? 아니면 나를 통과하여 이동하는 하나의 경험인가?" 이렇게 질문함으로써 지금의 나의 감정이 나 자신이 아니라는 비동일시의 결론에 이르게 된다. 내가 느꼈던 감정이 나를 통과하여 지나가는 손님이라는 것을 깨닫는다.

RAIN의 단계를 요약하면 다음과 같다. 먼저 생각이나 감정을 인식한다. 다음에 그것들은 허용한다. 그다음에는 그것들에 친밀한 관심을 갖는다. 마지막에는 그것들을 나라고 보지 않는 비동일시의 결론에 도달한다.

그러나 수용의 과정에서 우리가 경험하는 감정이 매우 고통스러울 경우에는 RAIN에서 이를 매우 조심스럽게 다루어야 한다. 고통이 너무 힘들 때에는 각 단계를 밟지 않고 바로 비동일시의 단계로 건너뛰거나 아니면 RAIN 수행을 중단해야 한다. 자신이 감당할 수 없는 감정을 자신에게 강요하면 역효과를 일으킬 수 있다. 우리를 우울로 이끌 수 있다. 그러므로 오랜 수행 후 나중에 자신의 통찰 역량이 강화되었을 때 힘든 감정을 다루도록 한다.

수행
교실

11. 수용의 의미를 설명해본다.
12. RAIN을 단계별로 설명해본다.
13. 다음의 수행 사례와 같이 당신은 정좌 마음챙김수행에 RAIN을 포함시켜 수행을 실시한다(정좌 마음챙김수행 연습).

수행자세

방석이나 의자에 편안하게 앉는다. 등을 세우고 가슴을 펴고 긴장을 푼다. 눈을 가볍게 뜨고 약간 아래쪽을 응시한다. 손을 무릎 위 혹은 허벅지에 놓고 마음챙김수행을 시작한다.

의도와 동기

마음챙김수행을 하는 의도와 동기를 상기한다. 수용의 태도로 마음에서 발생하는 것을 알아차리겠다는 의도를 갖는다. 그리고 내가 왜 마음챙김수행을 하는지를 파악한다.

안정화

이제 숨을 평소보다 천천히 깊게 쉰다. 숨을 들이쉬고 내쉰다. 들숨을 3 내지 4까지 세고 날숨도 3 내지 4까지 센다. 이와 같이 숨을 조절한다. 당신은 지금 숨을 조절하고 있고 그리고 숨을 세고 있다. 만약 생각이 일어나면 그것을 알아차리지만 그 생각에 개입하지 않고 숨쉬기와 숫자 세기로 돌아온다. 안정화의 마지막에는 날숨에 더 초점을 둔다. 날숨에서 당신의 몸이 더 이완되는 것을 알아차린다. 마음은 생각에서 해방되어 안정된다.

접지화

마음이 안정되면 호흡을 정상으로 되돌리고 몸에 주의를 기울인다. 몸이 접촉하고 있는 발바닥의 면 혹은 엉덩이 접촉면의 느낌을 알아차린다. 아니면 당신 몸의 어떤 곳에서 일어나는 느낌에 주목한다. 몸의 감각에 대한 알아차림이 당신을 현재의 순간에 머물게 한다.

안식화

이제는 몸 전체에 대한 알아차림으로 주의를 이동한다. 그리고 몸 주변의 공간을 인식한다. 몸이 공간에 둘러싸여 존재하고 있음을 알아차린다. 그리고 당신의 바깥에서 오는 시각적 인상·냄새·소리도 알아차린다. 그리고 당신은 당신의 내면에서 일어나는 감각·생각·감정을 알아차리지만 그 어떤 것도 적극적으로 보거나 듣지 않는다. 다만 당신은 지금 있는 그대로의 경험을 알아차리면서 경험 그 자체가 되어 휴식한다. 이것이 안식이다. 안식 중에 마음이 생각에 빠졌음을 알아차렸을 때는 곧 지원의 힘을 빌린다.

호흡 지원

당신의 주의를 가볍게 호흡의 자연적 리듬에 보낸다. 들숨과 날숨, 복부가 오르락내리락하는 느낌 그리고 몸 전체로서의 호흡의 느낌을 느낄 수 있다. 여기서 중요한 점은 이들을 가볍게 다루는 것이다. 오가는 생각이나 감정을 억제하지 않고 그것들을 알아차리면서 숨이 들어오고 나가는 것을 인식한다. 숨은 당신의 주의를 현재에 묶어두는 닻이다. 그리고 호흡 지원의 느낌을 놓아버리고 그냥 쉰다. 이와 같이 당신은 호흡 지원의 힘을 빌려 마음을 안정시키고, 그것을 놓아버리고 안식하는 방식으로 지원과 안식 사이에서 교대로 갔다 왔다 한다.

수용

당신이 안식하고 있는 중에 강한 생각이나 감정이 일어나 당신의 마음속을 맴돌면 RAIN 수행을 한다. 먼저 나타난 힘든 생각이나 감정을 인식한다. 다음에 그 생각이나 감정을 허용하고 받아들인다. 그리고는 당신의 주의를 호흡지원으로 돌린다. 물론 이 경우에도 당신은 처음의 생각과 감정에 대한 알아차림을 여전히 갖고 있다.

다음은 친밀한 관심을 보내는 단계이다. 당신의 주의를 몸 안에 있는 본래의 생각이나 감정에 가볍게 보내면서 몸이 경험하고 있는 감각을 알아차린다. 긴장·수축·열 혹은 어떠한 느낌의 감각을 알아차릴 수 있다. 이들 감각에 당신의 주의를 보낸다.

당신은 지금 마음챙김수행에서 수용으로 몸에서 일어난 생각이나 감정에 주의를 가볍게 보내면서 몸이 경험하는 감각을 알아차리고 있고 그리고 그것들에 친밀한 관심을 갖고 있다.

마지막으로 당신의 강한 생각이나 감정이 어디에서 온 것인지를 알아차리기 위해 한 발 물러서서 그 생각이나 감정을 본다. 그것들은 순간적으로 일어나 변하는 것인가 아니면 영속하는 것인가? 그 생각이나 감정은 나를 통하여 이동하는 하나의 경험인가? 아니면 그 생각이나 감정이 나 자신인가? 이와 같은 질문을 통하여 당신은 작은 생각이나 감정에 매몰되지 않고 더 큰 나를 보게 된다. 나는 나의 생각이나 감정이 아니라는 비동일시의 결론에 이르게 된다. 당신은 안식하면서 쉰다. 이렇게 당신의 수행을 끝낸다.

5

자기연민

자기연민

마음챙김수행이 진전되어 알아차림이 강화되면 우리는 우리의 마음에 있는 이상한 것들을 자주 보게 된다. 마음챙김수행으로 알아차림의 빛이 더욱 밝아져 그동안 마음에 있었지만 잘 볼 수 없었던 화 · 욕망 · 질투 · 성욕 · 비굴 · 자만 · 슬픔 등을 보게 된다. 그리고 때로는 우리 자신의 매우 이기적이며 잔인한 모습도 보게 된다. 마음에서 떠도는 생각이나 분별은 우리 자신의 과거의 삶에서 길들여져 온 것의 산물로 우리는 그것들을 보게 된다. 이런 일이 발생하면 우리는 자신을 비난하고 자책하기 쉽다. 그리고 더욱 쉽게 그 고통에 빠져들 수 있다. 이것이 마음챙김수행에 따르는 큰 위험이다. 따라서 이 시점에 이르게 되면 자기연민(self-compassion) 수행이 필요하다.

마음챙김수행에 따른 위험을 피하기 위해 자기 자신에게 연민의 따스한 조명을 비추는 일이 중요해진다. 자기 자신의 고통에 따스한 빛을 비추고 그 고통에 대해 친절과 이해로 대응하는 일이 필요하다. 그렇게 하지 않으면 우리는 고통 속에서 헤매게 될 것이다. 특히 자기비판이 만연한 오늘의 현대사회에서는 자기연민의 필요성이 더욱 높다고 할 수 있다.

우리는 보통 인생에서 힘든 일을 겪고 있을 때는 자신에게 무언가 잘못이 있다고 생각하기 쉽다. 물론 자신의 행위를 반성하고 개선하는 일이 필요하겠지만 자신이 쓸모없는 인간이라고 생각할 수도 있다. 따라서 자신이 겪고 있는 일을 부끄러워하고 타인에게 그것을 숨기려 한다. 그리고 늘 그 힘든 일에 매몰되어 자기 자신이 힘든 일 그 자체가 되고 만다. 이러한 행위는 자기 자신을 다른 사람과 분리시키고 고립시키는 행위이다.

이럴 때 자기연민을 수행하여 현재 자신이 겪고 있는 힘든 일이 자기 자신을 거쳐 가는 단순한 경험이 되도록 하게 하여야 한다. 우리 인간 존재는 누구라도 과오를 저지를 수 있고 따라서 언제나 많은 어려움에 봉착할 수 있다. 우리가 느끼는 감정, 예를 들어 화 · 수치심 · 비탄과 슬픔 등은 지구상에서 수많은 인간 존재들이 어제도 겪었고 오늘도 겪고 있는 일이다. 이러한 감정들은 모든 인간이 겪어왔고, 또 현재에도 겪고 있는 경험이다. 혼자만 겪고 있는 고통이 아니다. 우리는 자신의 고통에 대해 과도하게 부끄러워할 필요가 없다. 우리는 우리의 힘든 느낌이나 감정에 대해 끝없이 분별하고 그것에 집착하기보다는 그것들이 우리를 완전히 제압하기 전에 마음 챙겨 알아차리고 그것들이 우리 자신을 스쳐 지나갈 수 있도록 허용해야 한다.

자기연민 수행

아래의 수행법은 미국의 심리학자 크리스틴 네프(Kristin Neff)에 의해 개발된 것으로 일상에서 힘든 일이 생길 때마다 할 수 있는 수행이다. 짧은 이 수행을 하여보자.

힘든 일을 겪고 있을 때는 먼저 자신을 진정시키는 자세를 취한다. 예를 들어 당신의 한 손을 심장에 갖다 놓는다든지 혹은 당신 자신의 양손가락을 꼭 껴서 서로 잡는다. 그리고 숨을 천천히 깊게 들이쉬고 내쉰다. 다음에는 당신 자신에게 다음과 같이 친절하게 말한다. 말의 배후에 있는 당신 자신의 경험을 허용하면서 이 구절을 읊는다.

> "지금은 고통의 순간이다. 이 고통은 모든 인간이 경험하고 있는 삶의 일부분의 하나일 뿐이다. 이 순간 이 고통을 겪고 있는 나 자신에게 친절할 수 있는가?"

첫째는 고통스런 생각이나 감정이 생기면 그것들에 가볍게 마음챙김 한다. 그것들에게 사로잡히지 않고 마음챙김 한다. 둘째는 나에게 발생한 이 생각이나 감정을 나만 겪고 있는 것이라고 여기는 습관적 패턴을 따르지 않고 모든 인간들이 겪고 있는 인간 조건의 일부라고 여긴다. 셋째는 자신에게 친절을 베푼다. 자신에게 닥친 이 고통으로 자신을 비판하지 않고 자신에게 친절을 베푼다. 자신에게 친절을 베풀 수 있는 사람은 힘든 고통을 이겨나갈 수 있는 사람이다.

정좌 마음챙김수행 속의 자기연민

정좌 마음챙김수행에 자기연민을 포함시켜 수행을 한다. 먼저 수행 자세를 바르게 하고 그다음 고통을 받고 있는 자기 자신을 수용하고 자기 자신에게 친절하고 연민을 보내겠다는 의도를 갖는다. 그리고 왜 자기 자신에게 연민을 보내야 하는지 그 이유를 알아본다.

다음 단계는 숨을 천천히 부드럽게 쉬면서 그 숨을 센다. 들숨을 3 내지 4까지 세고 날숨도 3 내지 4까지 센다. 이와 같이 숨을 조절한다. 이렇게 수행하고 있는 중에 만약 어떤 생각이 떠오르면 그 생각에 사로잡히지 않고 다시 숫자 세기로 돌아온다.

안정화를 거쳐 접지화에 들어간다. 여기에서는 "부드럽게, 진정하고, 받아들이고"라는 말을 조용하게 읊조린다. '부드럽게'라는 말이 우리를 우리 경험의 힘든 것에 다가가게 하여 우리의 신체적인 이완을 시도한다. 그리고 한 손을 심장에 얹고 '진정하고'라는 말로 자신을 진정시킨다. 마지막으로 '받아들이고'라는 말과 같이 지금 겪고 있는 힘든 일과 싸우지 않고 그것을 환영하고 받아들인다. 이와 같이 자기연민을 정좌 마음챙김수행에 통합시켜 수행한다.

이 단계에서 미소와 목소리를 병행한다. 눈가와 입술과 얼굴에 미소를 띤다. 흥미로운 사실은 붓다의 조각상이 미소를 띠고 있다는 사실이다. 붓다는 이미 스티븐 포지스(Stephen Porges)*가 다미주신경이론(The Polyvagal Theory)**을 발견하기 2천 수백 년 전에 그 이론을 직관적으로 이해하고 있었던 것 같다. 부드러운 목소리와 온화한 미소는 우리의 미주신경경로를 활성화하고 있음이 포지스에 의해 밝혀졌다.

다음은 안식화이다. 이 단계에서는 몸을 하나의 전체로 인식한다. 그리고 주변의 공간을 인식한다. 다음에는 지금의 경험을 있는 그대로 허용하면서 그리고 그 경험들을 바라보면서 안식한다.

자기연민의 안식에서는 알아차림을 따뜻하게 하여 이것을 자신의 고통에 가져오면 그 고통이 용해된다고 상상한

---

* 미국 노스캐롤라이나 대학교의 정신의학과 교수로 1994년에 다미주신경이론을 제창하였다.

** 다미주신경이론은 우리들이 일상의 하루를 안전하게 살아가고, 때때로 우리가 직면하는 특별한 도전에 안전하게 대응할 수 있도록 우리를 도울 수 있게 우리의 자율신경계가 정보를 받아들이고 반응을 하는 방식을 서술하는 이론이다. 다미주신경이론은 일상의 경험에 대한 반응으로 참여(engagement), 움직임(mobilization) 그리고 붕괴(collapse)로 이동하는 세 가지 생물학적 경로의 계층을 보여준다. 이 이론은 여러 행동적, 정신적, 신체적 질환에서 관찰되는 증상들을 중재하는 메커니즘에 대한 기본적인 통찰력을 제공해준다.

다. 당신은 지금 있는 그대로의 경험 그 자체인 안식화의 단계에 머물고 있다. 그러나 만약 당신의 마음이 생각의 흐름에 빠지면 곧 호흡이나 소리의 지원을 받는다. 호흡이나 소리의 지원을 이용하여 마음을 안정시킨 뒤 지원을 놓아버리고 쉰다. 만약 당신이 어떤 스트레스나 감정을 느낄 때는 그 스트레스와 감정에 숨을 부드럽게 불어넣고, 완화하고 그리고 그것을 받아들이는 수행을 한다. 그리고 안식한다. 당신은 지금 자기연민을 마음챙김수행에 통합하여 수행하였다.

수행
교실

14. 다음과 같이 마음챙김수행에 자기연민을 포함시켜 수행을 하여보자.

수행 자세

방석에 앉거나 혹은 의자에 앉되, 등을 의자에 기대지 않고 바로 세운다.
어깨의 힘을 빼고 가슴을 편다. 눈을 가볍게 뜨고 약간 아래로 본다. 턱의 긴장을 풀고 입술을 부드럽게 하며 살며시 미소를 짓는다. 손은 무릎 위나 허벅지 위 혹은 단전에 둔다.

의도와 동기

맨 먼저 당신 자신에게 연민을 보내는 자기연민의 수행 의도를 갖는다. 그다음에 자기연민을 타인에게까지 확장하겠다는 의도를 갖는다. 그리고 이 수행을 하는 당신의 수행 동기를 반영한다.

안정화

보통 때보다 약간 숨을 더 천천히 깊게 쉰다. 그리고 숫자를 센다. 들숨에 3~4, 날숨에 3~4 정도를 세면서 숨을 조절한다. 생각이 일어나면 일어난 생각을 알아차리고 다시 호흡으로 되돌아간다. 그리고 숫자세기를 다시 한다. 안정화 단계의 마지막에 이르러서는 날숨에 약간 더 초점을 두고, 이때 몸이 이완되는 것을 알아차린다.

접지화

이제는 호흡을 정상으로 되돌린다. 그리고 당신의 몸에 주의를 기울인다. 당신의 몸이 쉬고 있는 의자나 바닥의 접지에서 느끼는 느낌을 알아차린다. 몸은 접지에서 쉬고 마음은 몸에서 쉬고 있다. 당신은 지금 몸에서 일어나는 감각에 초점을 맞추고 있다.

당신 몸의 감각이 스스로 드러나게 한다. 부드럽고 열린 방식으로 한다. 예를 들어 어깨의 긴장을 느낄 수 있거나 무릎의 가벼운 통증을 느낄 수 있다. 혹은 복부에서 불편함을 느낄 수도 있다.

다음은 당신이 힘들게 느끼고 있는 몸의 불편한 곳에 주의를 기울인다. 몸의 이 부분을 부드럽게 한다. 이것은 아픈 근육에 열을 가하는 것과 같이 한다. 동시에 부드러운 목소리로 "부드럽게... 부드럽게... 부드럽게..." 이렇게 당신 자신에게 조용히 말하면서 이 과정을 강화한다. 여기서 당신은 그 불편한 감각을 사라지게 하려는 의도를 갖지 않아야 한다. 단지 그 감각에 친절하고 따스한 알아차림을 보내고 있을 뿐이다.

다음에는 당신 자신을 진정시킨다. 한 손을 가슴에 얹고 몸이 숨 쉬고 있음을 느낀다. 그리고 당신은 "진정하고... 진정하고... 진정하고..."라고 말하면서 마음을 달랜다. 마지막으로 몸의 불편함을 있는 그대로 받아들인다. 그 불편함은 당신의 집에 왔다 가는 손님과 같다고 여긴다. 따라서 당신은 "받아들이고... 받아들이고... 받아들이고..."를 나직이 말하면서 그 불편이라는 손님을 부드럽게 받아들인다.

이제 당신은 위의 세 단어를 함께 사용하여 자기연민의 만트라(mantra)를 만들어 속삭인다. "부드럽게... 진정하고... 받아들이고", "부드럽게... 진정하고... 받아들이고..."를 계속 반복하여 읊조린다. 놀란 아이를 안심시키는 것과 같이 부드러운 목소리로 만트라를 읊는다.

안식화

이제는 당신의 몸을 하나의 전체로 인식한다. 마치 당신의 몸 전체를 당신의 알아차림이 붙잡고 있는 것과 같이 인식한다. 그리고 당신 주위에 있는 사물, 사람 그리고 공간을 인식한다. 그리고 몸이 공간 안에서 존재하고 그 공간에 의해 둘러싸여 있음을 인식한다.

다음에는 당신은 당신의 경험과 더불어 그대로 존재한다. 당신은 현존하면서 안식하고 있다. 당신은 이완된 상태로 당신에게 다가오는 감각적 경험을 열린 자세로 그대로 받아들이면서 안식하고 있다. 그 어떤 것이라도 적극적으로 보지도 듣지도 않는다. 그러나 만약 당신이 생각에 빠졌음을 알아차렸을 때는 호흡의 지원을 받는다.

호흡 지원

당신의 숨이 콧구멍으로 들어가고 나가고,

당신의 복부가 일어나고 꺼지는 것에 주의를 둔다. 여기서의 수행은 당신의 생각이나 감정을 완전히 닫지 않고 그것과 가볍게 접속하면서 숨을 쉬는 것에 주의를 보내는 것이다. 그리고 자기연민 수행을 호흡수행에 통합시킨다.

당신의 손을 가슴이나 당신이 고통을 느끼는 몸의 부분에 놓고 "부드럽게... 진정하고... 받아들이고..."라고 읊조리면서 당신을 달랜다. 고통 속에서 힘들어하는 당신에게 자기연민을 보낸다.

호흡 지원과 안식의 교대

당신이 호흡 지원 하에 있음을 느낄 때는 호흡 지원을 놓아버리고 바로 쉰다. 당신이 지금 경험하고 있는 그것에 문을 열고 그것을 있는 그대로 받아들인다. 그리고 당신은 열린 알아차림의 눈으로 그 경험들을 바라보면서 쉰다.

15. 자기연민 휴식의 3단계 수행을 실시한다.

등을 바로 펴서 위엄 있는 자세를 취한다. 입과 눈은 미소를 짓는다. 손을 가슴에 얹어 자신을 달래는 몸짓을 한다. 그리고 숨을 깊게 들이쉬고 내쉰다. 수행은 3단계로 진행한다.
먼저 당신의 몸에 주의를 보내고 당신이 느끼고 있는 것을 알아차린다. 그리고 당신 자신에게 부드러운 목소리로 말한다. "지금은 힘든 순간이다." 그리고 지금 당신은 어떤 구체적인 감각을 느끼고 있나? 이 과정에서 중요한 것은 당신의 고통을 반추하고 억누르려고 하지 않고 그것을 확인하고 그것에 마음 챙겨 알아차림의 문을 여는 것이다. 그다음에는 "지금 내가 느끼고 있는 것을 나는 어떻게 느끼나?" 하고 질문한다. 나의 자각을 자각하는 것이다.

두 번째 단계는 "내가 겪고 있는 이 고통은 다른 사람도 모두 겪고 있는 삶의 일부분이다"라고 자신에게 말한다. 그리고 다시 당신의 몸의 느낌에 알아차림을 연다.

세 번째 단계는 "지금 이 순간 나 자신에게 친절할 수 있나?"라고 묻는다. 이 질문을 반영하고, 당신 몸에 조율하고, 그리고 어떤 답이 나오는 것을 알아차리는 단계이다. 지금 이 순간이야말로 당신 자신에게 다가가서 부드럽게 말하고 친절을 베풀 수 있는 순간이다.

이와 같이 당신이 일상생활에서 힘든 순간에 직면할 때 당신은 당신 자신에게 연민을 보내는 자기연민 휴식의 3단계 수행을 하여 힘든 시간을 극복할 수 있다.

3부

자아와 삶 통찰

통찰(insight)이란 '어떤 사람이나 사물에 대한 정확하고
깊은 이해를 얻는 능력(옥스포드 사전)' 혹은
'어떤 상황을 보는 힘 또는 행동(미리엄 웹스트 사전)'이다.
또는 통찰을 다음과 같이 정의하기도 한다.
'사물의 본질을 직관적 이해로 파악하는 것' 혹은
'내면의 특성 혹은 기초적 진리를 보는 능력'.
통찰에 대한 이들의 의미를 종합하여 요약하면 '사람이나 사물의
본질을 꿰뚫어 보는 능력 혹은 힘'이라고 할 수 있다.
이와 같은 통찰의 힘을 통하여 무지의 어둠 속에서 살고 있는
'나'를 파악하고 '나의 삶'을 이해하고자 한다.

6

자아에 대한 통찰

자아란 무엇인가?

우리는 보통 삶을 영위하고 있는 우리의 삶의 경험을 바라보면서 '자아(Self)' 또는 '나(I)'라고 존재하는 실재(reality)가 있고 이 자아가 순간순간의 삶을 살면서 생각하고 느끼고 행동하고 있다고 이해하고 있다. 자아 또는 '나'라는 실재가 나 아닌 세상을 경험하면서 삶을 영위하고 있다고 생각하고 있다. 그리고 그와 같은 '나'라는 실재는 변하지 않는 어떤 고정된 실체라고 간주하고 있다.

이와 같은 관점은 생각하고 느끼고 행동하는 주체로서의 나는 실재 존재하고 있고 그러한 나는 변하지 않는 실체라는 가정 위에 서 있다. 이와 같이 우리는 실재하는 '나'라는 주체가 나 아닌 객체의 대상을 경험하며 삶을 영위하고 있다고 여기면서 살고 있다.

여기서 우리는 그와 같이 실재하는 나 또는 자아가 존재하는가? 그리고 그것은 변하지 않는 어떤 실체인가? 하고 질문할 수 있다. 이와 같은 질문을 우리는 '존재론적 자아'에 대한 질문이라고 한다. 존재론적 자아에 대한 질문에 대해서는 일찍이 붓다께서 말씀하신 바 있다. 그는 자아라는 실체는 존재하지 않는다고 하였다. 무아(non-self)라고 하였다. 실재하면서 변하지 않는다고 하는 자아는 존재하지 않는 허구이며 환상에 불과하다고 하였다. 붓다는 이 세상의 모든 것은 '연기', 즉 상호의존에 의해서 존재하는 것이고 그 자체로 존재할 수 있는 것은 아무것도 없다고 통찰하였다. 즉 제법무아(諸法無我)이다.

오늘날에 와서 현대의 과학이 발견한 것도 고정되고 변하지 않는 자아는 없고 오직 유동적이며 변하고 있는 현상으로서의 자아가 있을 뿐이라고 한다. DNA를 발견한 프란시스 크릭(Francis Crick)*은 "당신, 당신의 기쁨과 슬픔, 당신의 기획과 야심, 당신의 정체성의 감각과 자유의지라는 것은

---

* 영국의 분자생물학자. 1962년 노벨생리의학상을 수상하였다.

사실 신경세포와 그들과 관련 있는 분자들의 광범위한 집합의 행동 그 이상이 아니다."라고 하였다.

이와 같이 자아가 실체가 있는 실재라고 보는 견해는 허구이고 그것은 마음의 시스템 안에서 일어나는 모든 의식적 경험을 조직화하기 위해 우리가 편의적으로 이름을 붙여 사용하는 구성물에 불과하다고 현대의 생물학은 보고 있다. 우리의 경험에 있는 모든 것은 항상 변하고 있는 여러 구성요소에 의해 만들어진 것이다. 실재하는 자아가 존재한다는 생각은 환상에 불과하다. 따라서 무아이다.

실재하면서 변하지 않는 자아라는 것이 존재하지 않지만 그럼에도 불구하고 우리는 일상의 삶에서 나라고 여기는 자기의식(self-consciousness)을 경험하며 살아가고 있다. 자아라고 하는 실재는 존재하지 않지만 우리는 우리의 생각과 경험의 주인이라고 여기고 있는 의식 그것에 '자아'라는 이름을 붙이고 살아가고 있다. 이와 같이 우리의 삶에서 '나'라고 느끼고 있는 느낌 즉 '나' 또는 '자아'는 심리적 자아이다.

이러한 심리적 자아를 제임스 오스틴(James Austin)은 그의 저서 『선과 뇌의 향연(Zen-Brain Reflection)』*에서 세 가지 상호 연관된 구성요소로 분해하였다.

즉 자아성(selfhood)을 **'나(I)'-'대상적 나(Me)'-'나의 것(Mine)'**으로 분해하였다.

여기서 '나(I)'는 신체적으로 존재하며 생각하는 자, 느끼는 자, 행동하는 자로서의 능동적 자아를 의미하며, '대상적 나(Me)'는 영향 받는 자로서의 수동적인 자아이며, 그리고 '나의 것(Mine)'은 사고, 감정, 신체특징, 인격특성, 물질적 소유의 전유자로서의 소유적 자아이다. 이렇게 얽혀 있고 상호 강화하는 삼각구도는 에고(ego)로서의 자아감을 구성하고 있다.

이와 같은 자아감은 내가 경험하는 것의 유일한 축이고 이 축을 중심으로 모든 세상이 돌아간다고 믿는 그런 에고로서의 자아이다. 우리는 이와 같이 우리의 삶에서 자아감을 경험하면서 살고 있다. 에고로서의 자아는 자신의 삶을 타인의 삶보다 우선시하는 이기적인 자아이다. 이 에고로서의 자아는 인간이 진화과정에서 동물적 존재로 살아오면서 생존과 재생산을 위해 취해온 생존 전략의 결과물로 우리의

* 이성동 역, 대숲바람, 2012.

유전체에 깊이 각인되어 있는 그것이 삶의 과정에서 발현되는 것이다. 또한 우리의 삶의 과정에서 학습을 통하여 길들어져 온 것의 결과물로 형성되어온 것이다. 이로 인해 우리 인간은 이미 진화와 삶의 과정에서 이기적으로 오염된 존재라고 볼 수 있다.

동물로서의 우리 인간은 우리 몸에 신경조직을 발달시켜 왔고 신경조직이 보유하고 있는 신경세포들의 정보 소통의 결과로 잠재의식과 무의식을 보유하고 있고 그리고 의식을 창발하고 있다. 또 이들의 정보 소통을 통하여 생존의 과정을 영위하고 있다. 이러한 삶의 과정에서 드러나고 있는 우리의 마음이란 뇌와 몸에 있는 신경세포의 작용이 발제되어(enacted) 의식이라는 화면에 드러난 것이라고 볼 수 있다.

이와 같은 나의 마음은 다른 사람의 마음과 다를 수밖에 없다. 왜냐하면 나의 신경세포에 내장되어 있는 정보가 타인의 신경세포에 내장되어 있는 그것과 다르기 때문이다. 타인의 신경세포에 내장되어 있는 유전체가 나의 그것과 다르고 또한 살아오면서 경험을 통하여 학습한 내용도 나의 것과 타인의 것은 다르다.

이와 같이 내가 물려받고 그리고 경험한 모든 것의 총화인 나의 업(karma)은 다른 사람의 업과 다르다. 지금의 나의 존재는 나의 유전체와 나의 행위의 결과의 모든 것의 총합이다. 나의 생각 · 느낌 · 감정 · 행동은 나의 업이 의식이라는 화면에 무작위로 드러나고 있는 그것으로, 지금 구현되고 있는 것이다. 그것은 나의 의식의 화면에 나타난 나의 마음이다.

자기중심적 선호시스템

로브 네른은 인간의 나(I)라는 감각 속에 내장되어 있는 이기적인 시스템을 칭하여 '자기중심적 선호시스템(egocentric preference system: EPS)'이라고 명명하였다. 자아라는 실재(reality)는 존재하지 않지만 언제나 자기중심적으로 생각하고 느끼고 행동하는 이 시스템은 자기중심적으로 이것을 좋아하고 저것을 싫어하는 방향으로 생각하고 느끼고 행동한다. 자신이 좋아하는 것을 애착하고, 자신이 싫어하는 것을 배척하며, 자신이 갖고 싶은 것을 얻고자 하고, 자신이 소속된 집단에 충성하는 그런 자아이다. 우리는 모두 이런 자아감을 갖고 있다. 우리는 모두 이와 같은 마음으로 살고 있다. 나, 나의 가족, 나의 형제, 나의 고향, 나의 조국을 사랑하고 염려하는 나로 살고 있다.

이러한 자기중심적 선호시스템은 이기적 욕구를 충족시키려고 하는 시스템이고 자신이 소속한 집단의 신념에 따라 살아가는 시스템이다. 나(I) 속에 내장되어 있는 자기중심적 신호시스템의 감각이 나를 지배하고 있다. 이 자아감은 마치 중앙사령부와 같이 나의 삶을 지배하고 있고 또 통제하고 있다. '나'라는 심리적 자아는 그 속에 내장되어 있는 자기중심적 선호시스템의 노예로 살고 있다.

이 시점에서 우리에게 요구되는 가장 중요한 것은 나의 자기중심적 선호시스템을 바로 바라보는 일이다. 그것을 우리는 이 상황에서 통찰이라고 한다. 자아감에 대한 바른 통찰이 필요하다.

앞서 우리는 자아형성의 기반이 되는 몸과 뇌의 신경세포의 작용에 대해 언급하였다. 그리고 신경세포가 작용하는 정보 소통의 결과로 생긴 의식, 잠재의식 그리고 무의식에 대해서도 언급하였다. 또한 이러한 것들이 우리의 의식의 화면에 드러나는 마음이라는 것도 언급하였다. 이들 신경세포의 작용으로 창발되는 의식과 내재되어 있는 잠재의식 · 무의식의 흐름과 그것들의 내용물이 드러나는 마음에 대한 바른 통찰로 내가 누구인지를 안다면 나는 나를 바르게 안것이다.

우리의 삶에서 업과 그것의 구현에 대한 바른 통찰로 진정한 나의 함의를 깨달을 수 있을 때 나는 그리고 우리는 거듭 새롭게 태어날 수 있는 문을 열 수 있다.

알아차림의 확대

앞서 우리는 1부와 2부에서 통찰의 핵심 요소인 마음챙김을 언급하였다. 마음챙김이란 지속적으로 알아차림(awareness)이라는 상태의 체험을 목표로 하는 심리활동이다. 그것은 자각상태로 현재 순간의 자각이다. 그것은 마음이 대상에 집중하는 순수 자각의 순간에 일어나는 그것이다. 그것은 맨 주의(bare attention)로 현재 순간에 일어나고 있는 그것을 일어나는 내용과 방식 그대로 정확하게 반영하는 것을 말한다. 따라서 그것은 개념화되기 이전의 자각이다.

알아차림은 판단 없는 관찰이다. 마음에서 일어나는 것을 있는 그대로 보는 것이다. 또한 그것은 경험의 지나가는 흐름을 관찰하는 것이기 때문에 알아차림은 변화에 대한 자각이다. 사태가 변화하는 과정을 지켜보는 것이다.

우리의 통찰수행이란 알아차림을 통하여 사물의 현상과 본질을 꿰뚫어 보고 지혜를 계발하는 과정이다. 이제 우리는 알아차림의 영역을 확대하여 의식의 바로 아래에 있는 잠재의식을 알아차리는 우리 마음의 더 깊은 영역에 대한 통찰을 계발해야 할 시점에 이르렀다.

우리가 상상하는 생각, 느끼는 느낌과 감정, 그리고 행동하는 행위는 우리 의식의 표면에 나타난 것이다. 그러나 우리는 더 깊은 통찰을 위해 알아차림을 강화하고 확대하여 의식의 표면에 나타난 생각, 느낌, 감정 그리고 행동을 일으키는 우리 의식의 보다 더 깊은 수준에 있는, 즉 의식의 바로 아래에서 작용하는 잠재의식의 반사작용에 접속하는 수행을 하자.

의식의 문턱 바로 아래(식역하識閾下)에 존재하고 있는 잠재의식을 알아차림으로써 우리의 통찰을 더 깊게 할 수 있다. 그것은 식역하 수준에서 작용하고 있는 우리의 태도, 신념, 기대감 그리고 가정을 알아차리는 것이다. 태도, 신념, 기대감 그리고 가정 등이 의식의 표면 아래에서 우리의 생각, 느낌, 감정을 추동하고 지휘하고 있기 때문에 그것을 알고자 하는 것이다. 그것은 우리의 욕망, 고정관념 그리고 우리가 바라는 세상을 원하는 우리 내면의 신경 세포의 조건

반사 작용이다. 우리는 우리의 내면을 바라봄으로써 이들을 이해하고 우리의 의식의 표면에 드러난 생각, 느낌, 감정, 행위를 이해할 수 있다.

그런데 우리의 내면인 식역하 수준에 어떻게 접속할 수 있을까? 식역하 수준에 접속하는 알아차림을 계발하기 위한 주요 수행으로는 메타 알아차림(meta awareness)과 반영(reflection)이 있다.

메타 알아차림

메타 알아차림은 메타 인지(meta-cognition)라는 심리학의 용어에서 차용한 용어이다. 메타 알아차림은 자신의 인지과정 자체를 관찰 · 발견 · 통제 · 판단을 하는 정신적 작용으로, '생각에 대한 생각', '인식에 대한 인식' 그리고 '고차원의 생각하는 기술'이다. 메타 알아차림은 인지 이상의 것을 의미하는 것으로, 인지에 대한 인지를 가리킨다.

통찰수행에서는 자신이 원래 빠져 있는 무지의 상태에서 벗어나기 위해 자신의 식역하 수준에 대한 알아차림을 계발하는 메타 알아차림을 수행하는 일이 필요하다. 이것을 쉽게 이야기하면 '내가 지금 느끼고 있는 것을 나는 지금 어떻게 느끼나?(How do I Feel about What I am Feeling?: HIFAWIF)'라는 수행을 하는 것이다. 앞서 설명한 '인식에 대한 인식'을 하는 것이다. 이 수행을 하면 우리가 지금 느끼고 있는 느낌의 배후를 알 수 있고 그것에 대한 우리의 반응까지 알게 된다.

이 수행에서의 자각은 우리의 미세한 생각인 태도, 가정, 선호, 기대감을 표면에 드러나게 하는 것으로, 미세한 생각이 자리 잡고 있는 마음의 식역하 수준에 접속하는 수행이다. 우리의 미세한 생각은 우리가 쉽게 볼 수 없는 식역하 수준에서 번성하고 있으므로 그것들을 본다는 것은 우리가 그것들이 있는 식역하 수준에 접속하고 있는 것이다. 즉 우리는 의식의 표면에 드러나는 생각이나 느낌 그리고 감정의 뿌리를 보는 것이다.

식역하 수준에서 번성하는 미세한 생각을 본다는 것은 미세한 생각이 자리 잡고 똬리를 틀고 있는 우리의 습관과 선호를 보는 것이다. 즉 우리의 자기중심적 선호시스템을 보는 것이다. 이것을 봄으로써 나의 의식의 표면에 드러나고 있는 생각, 느낌, 감정의 뿌리를 알 수 있다.

마음챙김수행에서는 안식화 단계에서 메타 알아차림 수

행을 하여 우리의 통찰을 진전시킨다. 미세한 생각을 알아차리고 그것들이 스스로 드러나게 하고 그것들을 수용한다. 이러한 과정에서 우리에게 요구되는 것은 비록 우리가 자아감을 느낀다 할지라도 그것이 실체가 아니고 고정된 것이 아님을 인식하고 나아가 그것의 주변을 부드럽게 하여 생각, 느낌, 감정의 뿌리인 식역하 수준의 미세한 생각을 알아차림의 빛으로 드러날 수 있게 해야 한다. 그리고 우리는 드러나고 있는 EPS를 바로 억제하지 않고 그것이 스스로 드러나게 허용함으로써 이 순간 그것의 정체를 바로 알고 그것을 길들이는 통찰수행을 해야 한다. 우리는 계속되는 수행으로 식역하 수준에서 머물고 있는 그것들을 용해시켜 나가야 한다.

반영

명상가는 통찰수행의 과정에서 떠오르는 자신의 의식의 흐름에 또 하나의 질문을 던진다. "여기에서 무엇이 일어나고 진행되고 있지? 무엇이 나를 구동시키고 있지? 내가 어떤 조건의 신념에 빠져 있지? 이러한 마음의 상태 배후에는 무엇이 있지?"라는 유형의 질문을 자신에게 스스로 던진다. 이러한 질문으로 우리는 더 깊은 지혜의 수준에 도달할 수 있고 따라서 이전에는 보지 못하였던 것을 볼 수 있는 식역하 수준에 도달할 수 있는 마음의 공간이 생긴다.

마치 연못에 조약돌을 던지고 조약돌이 만드는 파문을 지켜보겠다는 듯이 이러한 질문을 던진다. 이렇게 하는 것을 반영(reflection)이라 한다. 반영은 표면에 드러난 무지의 이슈에 빛을 비추는 것으로 무지의 틀을 부수는 방식이다. 이렇게 하여 마음속에 있는 심원한 지성에 접속할 수 있다. 반영은 일종의 깊이 듣기의 형태라고 볼 수 있다. 반영을 '느린 질문(slow question)'이라고도 한다. 반영은 즉각적인 답을 요구하지 않는다. 우리는 그것을 우리의 열린 마음속에 담아둔다. 이것이 무지의 미세한 미로를 관통하는 방식이다. 미세한 미로가 우리 내면의 지혜를 가로막고 있기 때문에 미세한 미로를 풀어 우리의 지혜에 접속하는 방식이다. 반영은 우리를 우리의 더 깊은 수준의 정직성에 접속하게 하는 방법이다. 합리적이고 논리적이고 지적이고 실용적인 것을 우회하여 우리 경험의 배후로 들어가는 방식이다.

우리는 메타 알아차림과 반영을 통하여 잠재의식의 수준에 접속하고, 그것들이 말하는 것을 알 수 있다. 메타 알아차림과 반영은 질문으로 인한 대답이 어느 시점에 드러날 수 있는 공간을 제공하는 것이다. 우리는 메타 알아차림과 반영을 통하여 우리 마음의 더 깊은 층과 상호작용할 수 있다.

그러나 중요한 점은 질문을 할 때 질문의 내용에 대해서는 생각하지 않아야 한다는 것이다. 질문을 분석하지도 않아야 하고 당장 논리적인 답을 찾으려고 시도하지도 않아야 한다. 우리는 질문을 제시만 하고 내버려둔다. 단지 그 결과를 알아차리기를 기다릴 뿐이다. 우리의 마음이 그 자신의 언어를 통해 있는 그대로 어떤 순간에 반응할 것이다. 따라서 인내심을 갖고 기다려야 한다.

지금 우리는 통찰의 문을 열고 있다. 우리는 앎 속으로 들어가기 위해 기다리고 있다. 드디어 드러나는 앎은 무지에 대한 응답이다.

수행
교실

16. 제임스 오스틴이 말한 에고의 3각 구도에서 능동적 자아, 대상적 자아 그리고 소유적 자아란 구체적으로 어떤 자아인가?
17. 자기중심적 선호시스템(EPS)이란 무엇인가?
18. 마음챙김수행에서 알아차림을 확대하기 위해 메타 알아차림 수행을 실시한다.

당신은 정좌 마음챙김수행을 시작하여 각 단계를 거쳐 안식화 단계에 이르게 된다. 이제 당신은 안식 속에서 느끼고 있는 느낌을 알아차리고, 당신이 느끼고 있는 그것을 어떻게 느끼는지를 알아차린다. 당신은 "내가 지금 느끼고 있는 것을 나는 어떻게 느끼나(HIFAWIF)?"라고 질문한다. 이것은 당신이 지금 느끼고 있는 것, 예를 들어 짜증이나 판단 등에 대해 당신이 느끼는 것을 알아차리는 것이다.

당신은 단순히 이 질문으로 인해 발생한 반응을 알아차리고 수용한다. 이러한 질문으로 당신은 당신의 미세한 생각 즉 태도와 선호를 노출시킬 수 있다. 여기서 중요한 것은 어떤 반응이 일어나든 그것을 받아들이고 그것들을 위한 내면의 공간을 만들어야 한다는 것이다. 만약 자기수축이나 긴장감을 알아차리면 자기연민의 휴식(5장 자기연민의 휴식 3단계를 참조하라)을 갖는 것이 좋다. 당신이 당신 마음의 미세한 부분을 보지 못하고 있을 때 메타 알아차림으로 그 미세한 부분을 봄으로써 마음이 일으키는 계교와 그 작용을 알 수 있다.

19. 마음챙김수행에서 알아차림을 확대하기 위해 반영 수행을 실시한다.

당신은 정좌 마음챙김수행을 시작하여 마침내 안식화 단계에 이르러 편안하게 쉰다. 그리고 어떤 생각이나 느낌이 강하게 떠오르면 가볍게 호흡의 지원을 받는다. 호흡의 지원을 받는 동안 당신은 생각과 느낌, 혹은 어떤 짜증과 같은 감정이나 태도를 느낄 수 있다. 이럴 때 이 순간 당신의 경험의 배후에 있는 것에 접속하기 위해서 당신은 "이 느낌 배후에는 무엇이 있지? 무엇이 나를 구동시키고 있지?" 하고 질문을 던진다. 이러한 질문은 연못에 조약돌을 던져 물 위에 파문을 만드는 것과 같다. 지금 당신은 가벼운 호흡의 지원으로 안식 상태에 있고 조용하게 질문을 하고 있다. 이때 당신은 그 질문 자체에 대해서는 생각하지 않고 그 질문을 당신의 알아차림의 문에 걸어둔다.

그다음 당신은 당신이 던진 질문으로 인한 파문이 무엇인지를 알아차린다. 즉 당신은 당신의 마음에서 일어난 반응을 알아차린다. 그러면 어떤 반응이 당신 몸에서 일어나는 것을 발견할 수 있다. 어떤 이미지가 떠오르는 것도 알아차릴 수도 있다. 잠시 후에 당신은 산만함과 분별에 빠질 수도 있다. 이렇게 되면 다시 마음챙김 지원인 호흡의 도움을 받는다. 호흡에 가볍게 초점을 맞춘다. 마음이 안정되면 다시 질문을 던진다. 이렇게 반영의 과정을 되풀이한다. 주어진 수행시간에 세 번 질문한다. 반영은 우리를 우리의 더 깊은 수준의 정직성에 접속하게 하는 방법이다. 합리적이고 논리적이고 지적이고 실용적인 것을 우회하여 우리 경험의 배후로 들어가는 방식이다.

반영은 우리 자신 안에 숨어 있던 이야기를 노골적으로 폭로한다. 그러한 이야기에는 놀라운 것들도 있다. 이와 같이 반영은 우리를 마음의 식역하 수준에 접속할 수 있게 한다. 우리를 통찰의 길에 들어서게 한다.

20. 자아 찾기 수행을 실시하여 본다.

정좌 마음챙김수행에서 자아 찾기를 시도한다. 바른 자세를 갖추고 의도와 동기를 회상한 뒤 안정화, 접지화를 거쳐 안식화 단계에 진입한다. 이제 당신은 지금의 당신의 모든 경험과 함께 쉰다. 그리고 당신은 당신의 몸과 마음에 고정되어 불변하며 실재하는 자아가 있는지를 찾아본다. 당신은 그러한 자아를 발견할 수 있는가? 아니면 자아의 대용물이라고 여겨지는 것을 발견하였는가? 당신이 찾은 것은 무엇인가? 대답해보라.

7

생각과 감정에 대한 통찰

생각에 대한 통찰

우리는 생각과 더불어 살아간다. 생각으로 계획을 수립하고, 생각이 동기가 되어 행동하며, 생각을 발전시켜 발견과 발명을 하기도 한다. 생각은 우리의 삶을 유익하게 하는 좋은 생각, 창조적 생각, 통합적 사고로 작용할 수 있다. 그러나 다른 한편으로는 우리를 불안으로 이끄는 생각, 우울로 이끄는 생각 그리고 쓸데없는 무익한 생각도 있다. 우리를 망상으로 이끄는 헛된 생각, 환상으로 이끄는 백일몽도 있다. 때문에 긍정 심리학에서는 부정적인 생각을 버리고 항상 긍정적인 생각을 하라고 가르친다. 하지만 긍정적인 생각을 하겠다고 결심하고 명상 의자에 앉았지만 곧 부정적인 생각이 뒤따른다면 이를 어찌할 것인가? 명상 초심자들은 부정적인 생각이 머리에 떠오르면 이를 제거하려고 노력하지만 쉽게 제거되지 않는다는 것을 곧 알게 된다.

생각(thoughts)이란 마음속에서 끊임없이 일어나는 상상, 기억, 느낌, 이미지 등의 자극이다. 지두 크리슈나무르티(Jiddu Krishnamurti)*는 생각을 배경, 과거, 축적된 경험의 반응이라고 하였다.

즉 생각은 기억의 반응으로, 기억은 이전 지식과 경험의 결과로 조건 지어져 있는 것이라고 하였다. 이와 같은 관점은 생각을 우리의 모든 업(karma)의 결과물의 현전이라고 보는 관점이다. 우리를 기쁘게 하는 생각이거나 혹은 슬프게 하는 모든 생각은 우리의 과거의 경험과 지식이 만들어내는

* 1895년에 태어나 1986년에 타계한 인도의 위대한 철학자이며 명상가이다. 그는 '길 없는 대지'라는 진리를 선언하였다. 그것은 형식화된 종교나 철학과 그 교파로써는 접근할 수 없는 길이다. 그는 개인의 의식이 변화함으로써 사회를 근본적으로 변화시킬 수 있다고 보았고 따라서 우리들은 늘 열린 상태로 존재해야 한다고 가르쳤다.

기억의 반응이라는 것이다. 이와 같은 우리의 생각은 일어나는 순간에는 이전 지식과 경험의 결과물이지만 생각이 일어나자마자 곧 우리의 자기중심적 선호시스템(EPS)* 에 포획된다. 생각이 EPS에 포획되면 분별(分別)** 이 된다.

분별의 순간은 자극으로 일어난 생각과 자기중심적 선호시스템이 융합하는 순간이다. 이 순간은 위축의 느낌, 부조화의 느낌 그리고 스트레스의 느낌을 수반한다. 붓다가 말한 둑카(dukkha)이다.

우리를 둑카로 몰아넣어 우리를 고통스럽게 하는 생각들을 크게 다음과 같이 분류할 수 있다. 첫째, 자신이 과거에 저지른 잘못이 머리에 떠오르고 그것으로 인해 후회하고 죄책감을 느끼는 생각이다. 둘째, 자신의 미래의 삶이 어떻게 전개될지 몰라 노심초사하고 걱정하는 불안한 생각이다. 그리고 자신이 현재 느끼고 있는 불만족으로 인해 발생하는 고통스런 생각이다. 이 생각들이 주로 우리를 고통스럽게 하는 생각들이다.

우리는 보통 과거로 돌아가 당시의 일을 후회하고, 미래가 어떻게 펼쳐질지 몰라 걱정하며 불안해하고 좋지 않은

---

* p.94-95 참고.

** p.38-39 참고.

지금의 상황에 집착하여 고통스러워하는 사고의 습관에 빠져 살고 있다. 그리고 우리는 자신의 의지와는 무관하게 특정 생각이나 충동에 반복적으로 반응하는 경험의 강박 사고(obsession thought)*에 쉽게 빠진다.

강박적 생각활동은 우리를 불행하게 하는 일종의 정신 질환이다. 우리는 자신의 의지와 관계없이 제멋대로 머리에 떠오르는 생각을 어떻게 다루어야 할까? 특히 명상 중임에도 불구하고 불쑥불쑥 떠오르는 쓸데없는 생각을 어떻게 다루어야 할까?

명상 전통에서는 쓸데없이 나타나는 생각을 하늘에 불쑥 나타나 떠돌아다니다 사라지는 구름과 같이 여겨야 한다고 가르친다. 쓸데없는 무익한 생각을 구름과 같이 여기라고 한다. 구름은 저절로 나타났다가 스스로 사라진다. 따라서 생각을 저절로 생겨났다가 사라지는 구름과 같이 여기라고 하면서 구름의 발생과 사라짐에 개입하지 말라고 한다.

다르게 표현하면, 생각을 하나의 메아리와 같은 것으로 이해하고 그것이 사라지기를 기다리라는 것이다. 이것은 생

---

* 강박적 사고와 강박적 행동은 강박장애라는 정신질환이다. 강박장애의 환자는 본인의 의지와 무관하게 어떤 생각이나 충동에 따라 반복적인 생각을 하거나 행동을 한다.

각에 먹이를 주지 말라는 이야기이다. 생각을 붙잡는 것이 그 생각에 먹이를 주는 것이고 생각에 먹이를 주면 우리는 그 생각에 사로잡힌다. 생각에 먹이를 주지 않는 것 그것이 우리가 할 일이다. 그러나 어떤 생각들은 머릿속을 떠나지 않고 남아서 우리를 괴롭히기도 한다. 앞서 우리는 그러한 생각을 강박적 사고라고 하였다.

과거에 겪은 강한 충격에 의해 부채질 되고 있는 생각 또는 자신의 안녕이 심각하게 도전받고 있다고 여기는 공상 등 강박적 생각은 우리의 뇌리에서 쉽사리 떠나지 않는다. 이러한 생각들은 대부분 자신의 안위에 대한 위험, 자신의 강한 욕망 그리고 비현실적인 공상과 관련되어 있는 생각들이다. 중요한 점은 이러한 생각이 머리에 떠오를 때 이 생각에 사로잡히지 않아야 한다는 것이다.

그러나 어떤 경우에는 어떤 강박적인 생각이 일어나면 눈 깜짝하는 짧은 순간에 그 생각에 사로잡힌다. 떠오르는 생각이 EPS와 융합하면 그렇게 된다. 그리하여 그 생각과 내가 하나가 되어 내가 그 생각 자체가 되기도 한다. 이러한 과정을 동일시라고 한다. 동일시가 되면 그 생각이 내가 되어 본래의 나를 잃는다.

이때 우리에게 요구되는 자세는 탈동일시의 자세이다.

그 생각에 사로잡히지 않고 발생한 그 생각을 지켜보는 자세이다. 그 생각이라는 지각을 객관적 자세로 지켜본다. 보통 통찰수행의 안식단계에서 취하는 태도지만 평소에도 마음챙김을 통하여 생각과 동일시되고 있는 자신을 지켜보면서 탈동일시의 태도를 견지해야 한다.

보통의 경우에는 지켜보는 것만으로 생각이 사라지지만 지켜보는 것만으로도 탈동일시가 되지 않을 경우에는 호흡의 지원을 받는다. 호흡 지원의 도움으로 마음이 어느 정도 안정되면 그 생각을 객관적으로 바라보면서, 즉 알아차리면서 주변의 다른 모든 경험과 더불어 안식한다. 이와 같이 당신은 알아차림으로 그 생각을 객관적으로 바라볼 수 있다.

감정에 대한 통찰

인간은 감정의 동물이다. 희로애락 등의 감정과 더불어 살아간다. 감정은 우리의 삶에 의미를 주기도 하지만 동시에 갈등과 고통을 야기시키기도 한다. 긍정적인 감정은 우리를 유쾌하게 하지만 부정적인 감정은 우리를 고통에 몰아넣는다. 즐거운 감정이 나와 나의 가족의 삶에 활력을 주고 있다. 나의 우울한 감정이 나의 가족의 기쁨을 빼앗고 있다. 나와 우리 가족은 나의 감정의 영향을 받고 있다. 뿐만 아니라 나의 주변 사람도 나의 감정의 영향을 받고 있다. 이와 같이 감정이 우리의 삶에 중대한 영향을 미치고 있으므로 감정에 대한 통찰이 요구된다.

리사 펠드먼 배럿(Lisa Feldman Barrett)은 저서 『감정은 어떻게 만들어지는가?(How Emotions Are Made)』*에서 감정에 대한 고전적 견해를 부정하고 '구성된 감정 이론(theory of constructed emotion)'을 주장하였다. 전통적인 고전적 견해는 감정을 진화의 산물로 보고 보편적인 것으로 간주한다. 이러한 견해는 감정은 인간에게 내재된 동물적 본성의 일부이며, 합리적 사고에 기초한 통제가 없을 경우 어리석거나 심지어 폭력적인 행동을 하도록 우리를 부추긴다는 가정에 근거하고 있는 이론이다.

이에 대해 배럿은 우리의 감정은 내장된 것이 아니고 따라서 보편적인 것이 아니라고 주장한다. 그녀는 감정은 촉발되는 것이 아니고 우리가 만들어내는 것이라고 하였다. 감정은 당신의 신체 특성, 환경과 밀접한 관계를 맺으면서

---

* 최호영 옮김, 생각연구소, 2017.

발달하는 유연한 뇌, 그리고 환경에 해당하는 문화와 양육 조건의 조합을 통해 출현한다고 하였다. 감정은 실재하지만 분자나 신경세포가 실재하는 것과 같은 객관적 의미로 실재하는 것이 아니고 오히려 감정은 우리가 만들어낸 화폐가 실재하는 것과 같은 의미로 실재한다고 하였다. 다시 말해 감정은 착각이 아니고 사람들 사이의 합의의 산물이라고 주장하였다.

감정에 대한 구성주의적 접근은 두 가지 기본 전제에서 출발한다. 하나는 분노나 혐오 같은 감정 범주에 지문(fingerprint)이 존재하지 않는다는 것이다. 다양성이 표준이라는 것이다. 나의 분노 사례가 당신의 분노 사례와 똑같지 않다는 것이다. 또 다른 하나의 전제는 당신의 감정이 당신의 유전자의 필연적 결과물이 아니라는 것이다. 이와 같은 배럿의 주장은 감정은 촉발된다기보다 만들어진다는 것이다. 따라서 감정은 인지나 지각과 구별되지 않는다. 즉 나는 나의 감정 경험의 주체이며 능동적 참여자라는 것이다. 감정에 대한 구성주의적 접근은 내 감정의 주인은 나이기 때문에 자연스럽게 내 감정에 내가 책임을 져야 한다는 논리로 귀결된다.

게리 멕케이(Gary D. Mckay)와 돈 딩크마이어(Don Dinkmeyer)

는 『아들러의 감정수업(How you feel is up to you』*에서 '목적 없는 감정은 존재하지 않는다. 감정은 믿음과 관점이 결정한다. 그리고 새로운 사실을 알게 되면 감정이 바뀐다.'라고 진술하고 있다. 이하 이들의 진술을 살펴보자.

감정은 어쩔 수 없이 일어나는 게 아니고 내가 달성하고자 하는 목적을 뒷받침하기 위해 나 스스로 일으키는 것이다. 예를 들어 화를 낼 때는 쌓인 욕구를 해소하려는 목적이 숨어 있고, 당황할 때는 잘못한 행동을 사과하려는 의도가 담겨 있다. 그리고 우리가 똑같은 사건을 보고도 사람에 따라 전혀 다른 감정을 느끼는 것은 자신이 갖고 있는 믿음의 관점에 따라 다른 감정이 일어나기 때문이다. 그런데 그 관점은 자신이 믿는 믿음의 내용에 따라 결정된다. 따라서 나의 관점, 즉 나의 믿음의 내용을 바꾸면 나의 감정을 바꿀 수 있다.

즉 우리가 새로운 사실을 알게 되어 전에 가지고 있던 믿음을 새로운 것으로 바꾸면 나의 감정도 바뀐다는 것이다. 이와 같은 아들러 심리학의 주장 역시 내 감정을 내가 바꿀 수 있다는 논리로 귀결된다. 새로운 사실을 알고 새

---

* 김유광 옮김, 시목, 2017.

로운 지식을 쌓고 동시에 낡은 사실과 지식을 버리고 나의 믿음을 변화시키면 나의 감정을 바꿀 수 있다는 것이다. 결국 나의 감정을 만들어내는 나의 의지와 믿음 그리고 행동의 여하에 따라 본래의 감정을 바꿀 수 있다는 것이다. 결국 나의 감정을 만들어내는 내가 나의 감정의 주인이라는 결론에 이르게 된다. 따라서 나의 감정에 대한 책임은 내가 져야 한다.

통찰 수행에서 나의 감정을 어떻게 다룰 것인가? 하는 문제가 제기된다. 나는 동물적 유기체로서 나의 신경세포가 연출하는 의식, 잠재의식, 무의식의 작용으로 살아가고 있다. 그리고 '나'라는 존재론적 실재는 존재하지 않지만 나는 나의 유전체와 내가 지금까지 만들어온 업(karma)의 결과물로 살고 있다. 그리고 나의 감정도 나의 내면에서 일어나는 생각과 심상 등의 자극에 반응하고 혹은 외부에서 일어나는 사건에 반응한 결과이다. 이 감정은 나의 감정이고 다른 사람의 감정이 아니다. 그것은 나의 업(karma)의 출현으로 내가 만들어낸 현재의 결과물이다.

통찰 수행에서 감정을 다루고 있는 방식은 다음 두 가지이다. 첫째 나의 감정을 나와 동일시하지 말 것을 제안한다. 감정을 앞서 설명한 생각을 다루는 방식과 같은 방식으로 다루라는 것이다. 객관적 태도로 나의 감정을 하나의 구름으로, 하나의 거품으로 보는 것이다. 감정을 나와 분리시키는 탈동일시의 자세를 취하라는 것이다. 그렇게 함으로써 나는 감정에 사로잡히지 않을 수 있고, 그것에 끌려가지 않을 수 있다는 것이다.

내가 만들어낸 것을 나의 것이라고 여기지 말라는 것인가? 여기에 모순이 있지 않는가? 그렇지 않다. 내가 만들어낸 것이지만 지금 그것을 다른 관점에서 바라보라는 것이다. 내가 만들어낸 감정이지만 지금 그것을 다른 객관적 자세로 봄으로써 그 감정에 휩싸이지 않는 새로운 태도를 계발할 수 있다는 것이다.

새로운 태도의 계발이라는 이 점이 중요하다. 그러나 새로운 태도를 계발하는 것이 어디 쉬운 일인가? 오랜 수행 없이는 어쩌면 불가능한 일일지도 모른다. 상대방이 나에 대해 느닷없이 욕지거리를 퍼붓고 있는 순간에 솟아오르는 나의 분노를 객관적 자세로 바라본다는 것은 쉬운 일이 아니다.

그러나 이웃과 더불어 집단과 사회를 이루어 살아가고 있는 우리로서는, 지금까지 나의 잠재의식과 무의식에 내장되어 있던 나의 업이 의식의 화면에 표출되는 나의 감정의

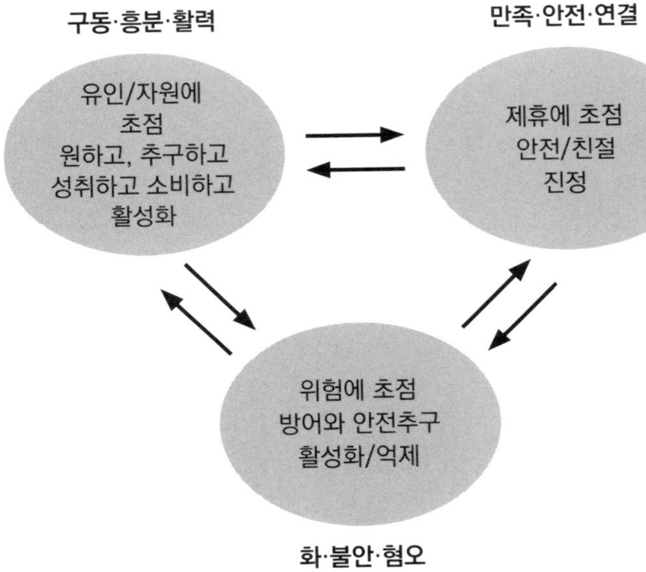

〈그림 1〉 감정 조절 시스템의 세 가지 유형

성향을 올바르게 다스려 그것이 의식의 창에 순화된 형태로 드러나게 하는 일이 필요하다. 그러나 잠재의식과 무의식에 오염되어 있는 때를 벗겨내는 일은 그리 쉬운 일이 아니다. 수행이 요구되는 일이다. 그렇지만 그렇게 하는 것이 나에게 유익하기 때문에 수행으로 감정을 다스려야 한다. 감정을 다스리는 방법에 대해서는 5부 감정적 고통 다스리기에서 상세하게 다룰 것이다.

폴 길버트(Paul Gilbert)와 초덴(Choden)은 그들의 저서 『마음챙김 연민(Mindful Compassion)』*에서 그림 1과 같이 인간의 감정은 세 가지 조절 시스템으로 구성되어 있다고 하였다.

그것은 위협과 자기방어 시스템, 구동과 자원추구 시스템 그리고 안정과 만족추구 시스템이 그것이다. 위협과 자기방어 시스템은 자신과 자신이 사랑하는 사람들의 안전이 위협받는 것을 경계하는 시스템이다. 이 시스템은 화, 불안 그리고 혐오의 감정과 연결되어 있다. 이 시스템은 우리가 위협의 상황에 처하게 될 때 일어난다. 위협에 직면하여 우리가 하는 행동으로는 투쟁, 도피, 항복 혹은 동결 등이 있다.

구동과 자원추구 시스템은 자신과 자신이 사랑하는 사

* New Harbinger Publications, 2014.

람들의 생존과 번영을 위해 필요한 자원을 얻는 것에 초점이 있다. 우리는 우리의 삶의 목적을 위해 노력할 때 활력을 느낀다.

안정과 만족추구 시스템은 우리들의 안전, 만족 그리고 타인과의 연결과 관련되어 있다. 이 시스템은 우리의 안전에 위험이 없고 우리가 생존에 필요한 자원을 얻었을 때 작동한다. 이 시스템이 활성화되면 휴식할 수 있다. 그리고 힘든 시기에 자신을 진정시킬 수 있고 타인을 도울 수 있다.

우리는 우리의 생존과 행복한 삶을 위해 우리에게 주어진 이 시스템을 우리의 삶에 잘 활용할 수 있는 유능한 감정조절가로 살아가야 할 것이다.

특히 여기서 통찰 수행과 관련해서는 우리는 안정과 만족추구 시스템에 유의할 필요가 있다. 통찰 수행의 안식화 단계는 우리 경험의 모든 것 한가운데서 쉬는 것이므로 이 시스템의 작동을 전제로 하고 있기 때문이다. 이 시스템의 작동 없이는 통찰 수행이 불가능할지도 모른다.

수행 교실

21. 당신은 당신의 머릿속에서 발생하고 있는 생각들을 어떻게 다루고 있나?
22. 당신의 생각에 대한 당신의 통찰은 무엇인가?
23. 통찰에서 탈동일시라는 용어는 어떤 의미로 사용되고 있는가?
24. 열린 알아차림을 설명해본다.
25. 통찰 수행에서는 감정을 어떻게 다루고 있는가?
26. 구성된 감정이론을 설명해본다.

27. 나의 감정을 바꿀 수가 있다면 어떻게 그것을 가능하게 할 수 있는가?
28. 폴 길버트와 초덴의 감정조절 시스템을 설명해본다.

8

고통의 수레바퀴

고통의 수레바퀴라 불리는 연기(緣起, interdependent arising)는 역사 속의 고타마 싯다르타(Gautama Siddhartha)가 보리수나무 아래에서 깨달은 연기의 법을 말한다. 그는 우주의 있는 그대로의 모습, 즉 진여(眞如)와 일여(一如)를 깨달았다. 이것은 모든 존재는 인연에 의해서 일어나고 사라진다는 의미이다. 그는 삶의 상호연결의 진리를 깨달았던 것이다.

또 그는 십이연기, 십이인연을 깨달았다. 이것의 핵심을 현대의 과학적 관점에서 이해하면 인간의 마음 작용이 무지에서 시작하는 12개 연결고리의 순환으로 영속적으로 작동하고 있기 때문에 우리가 괴로움을 겪고 있다는 것이다. 그러므로 이러한 12개 연결고리의 윤회를 직시하여 이들 연결고리의 순환에서 벗어날 수 있는 방법을 발견하는 통찰과 수행을 통하여 우리는 괴로움, 즉 고통에서 벗어날 수 있다는 것이다.

연기의 12개 연결고리

연기는 원인과 결과의 상관관계를 보여주는 조건적 연결의 방법이다. 12개의 연결고리는 먼저 존재하는 연결고리가 원인이 되고 그 원인에 의해서 발생하는 연결고리는 결과가 된다. 이것을 비유하면 도미노 놀이와 같다. 하나의 도미노가 무너지면 그다음에 있는 도미노가 무너져 12개의 도미노 모두가 차례로 무너지는 놀이이다. 12 연결고리가 12개의 도미노와 같음을 비유적으로 나타낸 것이다. 이것의 논리는 만약 12개의 연결고리 중 하나를 제거하면 그다음의 도미노는 무너지지 않고 연쇄 반응은 중단된다는 논리이다. 12개의 연결고리는 무지 · 업 · 의식 · 명색 · 육입 · 촉 · 수 · 갈애 · 취온 · 유 · 탄생 그리고 노사이다.

12개의 연결고리는 마음의 순환적 성질을 나타내기 위해 하나의 바퀴로 그린다. 우리 마음의 삶은 이 바퀴가 움직이듯이 계속 순환하고 이 바퀴의 연쇄에서 해방되기 전까지

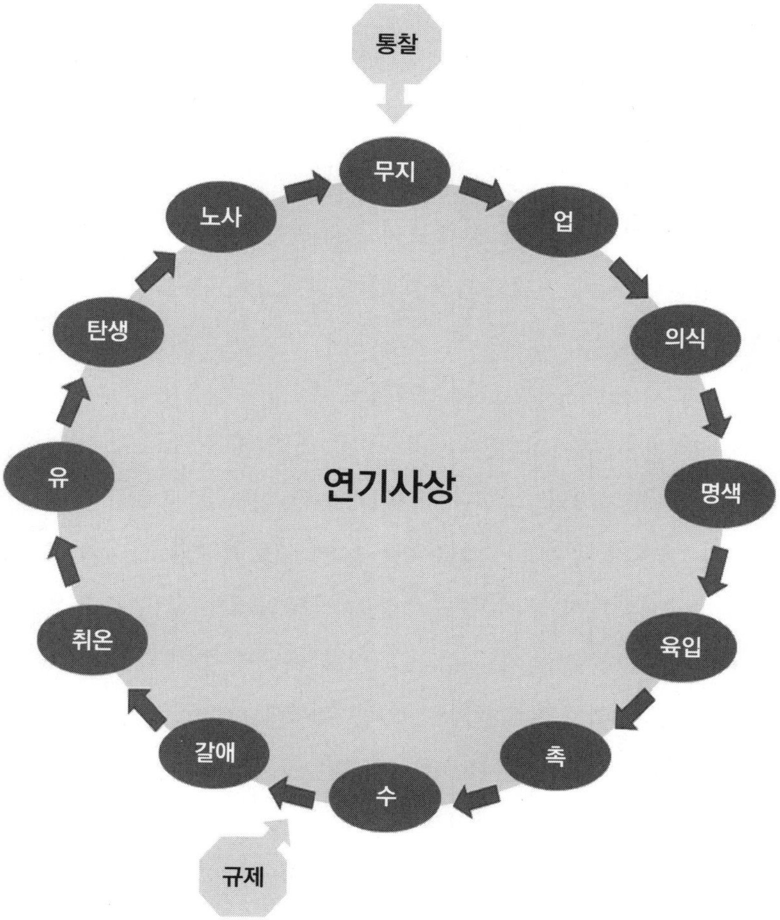

〈그림 2〉 연기의 12개 연결고리

는 그 순환이 끝없이 진행된다. 바퀴의 연결고리는 앞의 연결고리에 의해 조건 지워진 것이다. 여기서 '조건 지워진'이라는 의미는 하나의 연결고리가 발생하는 것은 앞의 연결고리의 존재에 의존한다는 뜻으로, '길들여진'이라는 뜻이다.

지금부터 12개의 연결고리 모두를 하나하나 간결하게 설명한다. 12개 연결고리의 바퀴는 그림 2와 같다.

무지(無知, ignorance) - 연결고리 1

무엇이 무지일까? 나 자신이 누구인지를 모르고 있는 그것이 무지이다. 나의 마음의 작동원리를 잘 모르고 있는 것을 무지라고 한다. 다음에는 삶의 상호연결의 진리를 모르고 있는 것이 무지이다. 세상의 작동원리를 잘 모르고 있다는 것이다. 종국에는 삶의 의미를 깨닫지 못하고 살고 있는 그것이 무지 속에서 살고 있는 것이다.

앞에서 우리는 '나' 속에 독립된 실재가 없음을 보았다. 존재론적 자아가 환상임을 보았다. 우리는 이러한 환상 속에서 살고 있다. 이러한 환상 속에서 사는 우리는 자신과 자신이 아닌 것을 나눠 자신을 실체라고 믿고, 실체로서의 자신에게 얽매이고, 생명과 생명 아닌 것을 나눠 생명을 실체로 간주하여 그 생명에 얽매인다. 이것은 분별지(分別知)이다. 이런 마음이 우리를 지배하고 있고 모든 번뇌의 근원이 되고 있다.

통찰 전통에서 말하고 있는 대표적인 비유를 들어 무지를 설명해보자. 어떤 사람이 어두운 방에 들어가 방바닥에 꼬여 있는 어떤 물체를 보고 뱀이라고 여겼다. 이것이 무지다. 그는 즉각 뱀에 물리면 큰일 나겠구나! 라고 생각하면서 공포에 휩싸였다. 몸이 얼어붙고 심장이 요동치고 손에서 땀이 났다. 이 순간 어느 누가 방의 전기 스위치를 켜서 전등불이 들어왔고, 방바닥에 있는 그 물체는 뱀이 아니고 새끼줄임이 드러났다. 방에 있었던 외부적 실재는 새끼줄이었지만 그가 인식하였던 것은 새끼줄이 아니고 뱀이었다. 전등불이 들어와 새끼줄을 보게 되자 그는 강한 이완의 상태를 경험한다. 이것이 무지이다.

그는 자신의 존재를 보호해야 한다는 생존본능에 휩싸여 습관적으로 새끼줄을 뱀으로 본 것이다. 그렇게 인식한 것이 무지이다. 그는 자신의 감각으로부터 오는 소량의 정보에 기초하여 자신의 눈으로 보고 있는 그것이 자신을 위협하고 있다고 생각하였다. 과거의 어떤 경험에 기초하여 그렇게 믿었고 자신을 보호해야 한다고 생각하여 자신이 얼어붙은 것이다. 이와 같이 우리는 무지 속에 빠져서 삶을 살아가고 있다. 소량의 정보에 기초하여 내가 믿고 있는 것을 진리라고 생각하며 삶을 살고 있다. 우리 모두는 그렇게 살고 있다.

업(業, karma) - 연결고리 2

업은 두 번째 연결고리이다. 무지에 의해 조건 지워진(길들여진) 것이다. 업은 몸, 말, 마음의 자극적 그리고 의지적 활동을 야기하는 뿌리박힌 습관이다. 그것은 행위로 드러난다. 우리로 하여금 생각하고 말하고 행동하게 하는 조건 반사신경이다. 그것은 마음의 식역하(Subliminal) 영역에 숨어 있는 것이다. 이 단계에서는 의식의 형태를 취하지 않고 단순한 자극으로 존재한다. 이것은 '대상적 나'라는 느낌이다. 대상적 나는 타인과 분리되어 있다고 느끼는 '나'이며 여기에 행동을 위한 자극이 있다.

의식(意識, consciousness) - 연결고리 3

의식은 세 번째 연결고리이다. 의식은 업에 의해 길들여진 것이다. 이것은 의식작용의 흐름이다. 의식은 매일매일 진행되는 상이한 생각, 느낌, 지각 그리고 행동을 포함한 경험의 흐름으로 연결된다. 여기에는 '이것은 알아차리는 나'라는 계속되는 느낌이지만 이 의식은 식역하에 있는 의식이다.

명색(名色, name and form) - **연결고리 4**

명색은 네 번째 연결고리이다. 명색은 의식에 의해 조건 지워진 것이다. 명색은 의식흐름의 경험이 굳어진 '나'라는 것이 있다는 마음이 생기면 당연히 자신과는 다른 별개의 분리된 실재로서의 '외계'가 있다고 생각한다. 우리의 의식의 흐름 안에서 자유롭게 흐르던 에너지가 '대상적 나'라는 느낌과 그리고 나와 분리되는 외부 세계의 느낌으로 견고하게 응결된 것으로 나타난다.

육입(六入, six sense bases) - **연결고리 5**

육입은 다섯 번째 연결고리이고 명색에 의해 조건 지워진 것이다. 보고, 듣고, 냄새 맡고, 맛보고, 감촉하고, 생각하는 것이다. 이것들은 우리가 경험하는 세계와의 통로이다. 각각의 감각은 감각기관과 이와 연관된 의식으로 구성된다. 예를 들어 눈의 내적 감각기관은 외적으로 보이는 대상에 반응하며 안식(eye-consciousness)과 관련된다. 이것이 의미하는 바는 우리는 볼 수 있는 눈을 가지고 있고, 보여지는 대상이 있으며 이 둘을 연결하는 안식이 있다는 것이다.

다른 감각도 이와 같다. 여기서 핵심 포인트는 우리는 '나' 그리고 '나의 의식'을 가지고 있을 뿐만 아니라 '나는 사물을 의식적으로 보고 있다', '나는 의식적으로 소리를 듣고 있다' 그리고 '나는 어떤 것을 의식적으로 생각하고 있다'는 것이다. 그것은 바로 보고 듣고 생각하는 것이 아니라 '내'가 듣고 있고 '내'가 보고 있고 '내'가 생각하고 있다는 것이다. 다시 말하면 우리는 자아의 존재를 가정하고 있기 때문에 각 연결고리의 뿌리에 무지가 놓여 있는 것이다.

접촉(接觸, contact) - 연결고리 6

접촉은 여섯 번째 연결고리이고 육입에 의해 조건 지워진 것이다. 이것은 맨(bare) 감각 수준에서 세계와 접촉하는 것을 말한다. 우리는 보면서 보고 있는 것과 접촉하고 있다. 또는 들으면서 소리와 접촉하고 있다. 그리고 마음속에 일어나는 생각이 있고 그것에 대한 순간적인 알아차림이 있다. 접촉은 저쪽에 있는 세계에 대해 경험을 갖는 여기 있는 '대상적 나'의 감각을 강화한다. 그것은 무지를 강화하는 것이다. 즉 외부 세계의 사람이나 사물과 분리된 것으로 견고하게 굳어진 느낌인 자아감의 출현을 강화한다. 첫 번째의 연결고리 무지에서 여섯 번째 연결고리 접촉까지는 식역하 수준에서 일어나는 연결고리이다. 즉 우리의 보통의 의식수준에서 일어나는 연결고리는 다음의 연결고리, 느낌에서 시작한다.

느낌(感覺, feeling) - **연결고리 7**

느낌, 즉 감각은 일곱 번째 연결고리로, 접촉에 의해 조건 지워진 것이다. 이것은 접촉에 따라 일어나는 즐거움, 불쾌함 혹은 중립으로 규정되는 것이다. 이것은 심리적으로 느끼는 감각인 쾌락적 색조(hedonic tone)이다. 접촉으로 인한 감각의 결과는 느낌이고 우리는 이를 통제할 수 없다. 느낌의 경험은 자아감을 더욱 강화한다. '여기에 있는 느낌은 나의 경험이 되고 따라서 나는 실재하는 것이 틀림없다'고 여긴다. 이 단계에서 맨 알아차림(bare awareness)을 유지하는 수행이 필요하다. 맨 알아차림으로 느낌 연결고리를 제거하여 계속되는 무지가 다음 연결고리 갈애로 이행하는 것을 방지할 수 있기 때문이다.

갈애(渴愛, craving) - **연결고리 8**

갈애는 여덟 번째 연결고리이고 느낌에 의해 길들여진 것이다. 이것은 시각적 대상, 소리, 냄새, 맛, 육체적 감각 그리고 정신적 대상에 대한 갈망이다. 즐거운 느낌의 결과는 욕망이다. 고통스런 느낌의 결과는 혐오와 회피이고 중립적 느낌의 결과는 무관심이다. 이것이 자기중심적 선호시스템(EPS)이 살아가는 방식이다.

느낌에 대한 이러한 반응은 우리가 갖는 경험의 감각을 강화한다. 가령 시각적 대상의 존재를 녹화하는 안식의 공정한 경험이 개인적인 것이 되는 이원적인 것으로 변형된다. 예를 들어 "나는 아름다운 것을 보고 있다. 나는 그것이 좋다. 이제 나는 그것을 애착한다"로 진행된다. 이와 같은 과정을 '개입 혹은 연루'라 한다. 개입의 순간은 융합의 순간이다. 널찍하고 자유로운 자극이나 생각이 EPS와 결합하는 순간이다. 통찰수행의 핵심은 비개입(비연루) 혹은 기피이다. 갈망을 알아차리고 연루를 회피하는 것이다.

취온(取蘊, grasping) - 연결고리 9

취온은 아홉 번째 연결고리이고 갈애에 의해 조건 지워진 것이다. 이것은 '나'라는 감각과 내가 원하는 것이 빠르게 나의 정체성이 되어가는 감각적 힘으로 모아지는 것이다. 이러한 감정적 힘은 EPS의 혈액이 된다.

유(有, becoming) - 연결고리 10

유는 열 번째 연결고리로, 취온에 의해 조건 지워진 것이다. 이 상태를 존재의 순간으로 표현할 수 있다. 단순히 감각적 경험으로 시작된 것이 나의 정체성의 일부가 된 것이다. 예를 들어 불안을 경험하는 어떤 사람이 불안한 존재가 되는 것과 같다.

탄생(誕生, birth) - 연결고리 11

탄생은 열한 번째의 연결고리이며 유에 의해 조건 지워진 것이다. 이것은 심리학 수준에서는 응결(Solidification)이라 할 수 있다. 우리에게 힘을 발휘하는 독립적인 실체의 형태를 갖추는 것이다. 예를 들어 불안이 불안한 존재로서의 실체를 갖추는 것과 같다.

노사(老死, old age and death) - 연결고리 12

노사는 열두 번째 연결고리이고 탄생에 의해 조건 지워진 것이다. 이것은 상황의 소멸과 사라짐으로 이해할 수 있는 것이다. 우리의 정신적인 집착, 지속적인 마음 상태, 그리고 정서적 고정관념 모두가 끝을 맞이하는 것이다. 마음이 자신의 고정관념을 해방시키는 과정이다.

이상의 12개 연결고리는 우리의 마음이 진행되어가는 과정을 나타내고 있다. 무지로 인해 매우 치열하고 고통스런 경험이 생기고 변화하고 이동한다. 하지만 근원적 원인은 여전히 남아 있다. 그것은 무지이다. 그리고 무지로부터 생긴 습관적 패턴은 12개의 연결고리를 통해 강화된다. 잿더미에서 피어나는 불사조처럼 EPS가 다시 출현한다. 그리고 다시 연기의 수레바퀴는 계속된다. 우리는 자신도 모르게 그것을 재생하고 있기 때문이다. 우리가 견고하고 독립된 자아라고 믿고 있는 그것에 묶여 있는 모든 생각, 말 그리고 행동에 숨어 있는 무지의 엔진에 끊임없이 연료를 지금도 공급하고 있다.

12개 연결고리의 사례

위에서 설명한 12개의 연결고리가 일상의 삶에서 작동하는 방식을 다음에서 검토한다. 로브 버베아(Rob Burbea)가 제시하고 로브 네른이 각색한 내용을 여기에 그대로 옮긴다.*

상사가 당신에게 내일 동료들 앞에서 프레젠테이션을 하라는 지시를 하였다. 그러나 당신은 언젠가 프레젠테이션에서 실수했던 과거의 기억 때문에 대중 앞에서 하는 프레젠테이션에 두려움을 갖고 있다. 결론적으로 이 임무가 과거의 부적절했던 당신의 이야기를 상기시켰다. "나는 그런 식이야. 나는 항상 프레젠테이션을 잘 못해. 나는 그 일로 비난을 받았어." 이와 같은 이야기가 당신의 마음속에서 견고해졌고 현실이 되었다. 이것은 무지의 표현이다(연결고리 1). 이러한 현상은 무의식적으로 발생한다. 여기서 무지는 당신이 당신의 과거를 한 면에서만 바라보는 것과 미래를 두려움으로 보는 당신의 낮은 자존감을 포함하여 여기에서 진행되는 상호 연관된 과정 전부를 말한다. 이들 과정을 알아차림으로 비추면 그것이 무지로부터 해방되는 길이다. 그러나 당신이 과거에 일어났던 개인적인 일을 확인하게 되면 이러한 가능성은 차단된다.

당신은 비판하는 타인과 구별되는 두렵고 부적절한 '대상적

* 로브 네른 · 초덴 · 헤더 리간아디스, 『마음챙김과 통찰』, 구치모 · 김광수 · 최우영 옮김, 산지니, 2022, pp.174-176.

나'의 이야기 주변에서 본능적으로 부지불식간에 의식의 수축을 경험한다. 이 이야기를 확인함으로써 내일 있을 프레젠테이션과 관련하여 어떤 기대와 가정이 일어난다. 이것들이 우리가 '미세한 생각'이라고 앞에서 불렀던 것이다. 이 미세한 생각은 인식하기는 어렵지만 업의 예이다(연결고리 2).

자기충족적인 이야기에 빠져서 당신의 무의식적 기대와 가정은 두려움과 무서움이라는 연료에 의해 기력을 얻는다. 그리고 당신의 의식(연결고리 3)은 다음 날에 있을 굴욕감이라는 강박적인 분별의 주변에서 수축된다. 이것이 한 순간을 다음 순간으로 연결하는 알아차림의 가닥이 된다. 당신은 당신이 반복적이고 역기능적인 생각의 흐름에 빠진 것 같은 불안과 긴장을 몸과 마음(연결고리 4)에서 느끼기 시작한다. 이때 마음의 감각 기반(연결고리 5)과 이들 생각이나 이미지와의 접촉(연결고리 6)이 있을 뿐만 아니라, 몸의 감각 기반(연결고리 5)과 그들이 신체적으로 유발하는 긴장이나 두려움의 경험과의 접촉도 있다. 이 두 개의 접촉은 불쾌한 느낌(연결고리 7)을 수반한다. 이 불쾌한 느낌에 대한 당신의 본능적인 반응은 혐오이다. 즉 불쾌한 느낌을 제거하는 것이거나 당신의 관심을 딴 곳으로 돌리는 것이다. 이러한 혐오는 갈애(연결고리 8)의 한 형태이다.

혐오에 대한 반응은 당신을 불쾌한 느낌에서 도망가게 하는 대신에 그 느낌을 더욱 악화시킨다. 오히려 당신의 마음은 공포의 고착화의 단단한 매듭에 묶인다. 이러한 스트레스와 내면의 갈등이 악화되는 순환은 마음이 어떤 해결책을 향해 요동치는 취온(연결고리 9)이라는 사태로 번진다. 당신 마음의 취온의 행동은 복잡하다. 몸과 마음에서 생기는 느낌과 이미지로부터 필사적으로 도망가려고 한다. 내일 있을 프레젠테이션을 회피하려는 전략에 대한 생각 활동—아마 병가를 요청하는 것 혹은 다른 사람에게 그 일을 떠맡기는 것—등이 있다. 이러한 내면의 드라마를 겪는 동안에는 당신 자신이 빠져 있는 덫의 진행 과정에 대해 알아차릴 수가 없다. 왜냐하면 당신은 무지의 마력에 빠져 있기 때문이다. 대신에 모순되는 자극과 전략이 당신의 마음에서 질주하고 당신의 관심을 끌기 위해 여세를 몰아 경쟁한다. 결국에는 그중 하나가 이긴다. 당신은 병가를 청하기로 결정한다. 이것이 유(연결고리 10)이다. 이제 당신이 고민하였던 문제가 해결되고 나면 당신은 전화기를 들고 상사에게 전화로 메시지를 전달한다. 이것이 탄생(연결고리 11)이다. 당신은 행동의 경로를 결정하였고 그것을 이행하였다. 이제 당신은 곤란한 상황에서 벗어나 내일 하루 편한 시간을 가질 것이다.

그러나 이런 긴장완화의 시간은 오래가지 않는다. 왜냐하면 당신은 곧 당신의 거짓말이 탄로날 것을 우려하기 때문이다. 그래서 당신은 거짓말을 감추기 위한 여러 거짓말을 상상하기 시작한다. 이것은 사건의 한 상태의 쇠퇴와 소멸(연결고리 12)로 귀결된다. 그리고 당신이 업무에 복귀했을 때 거짓말에서 벗어나는 새로운 12개의 연결고리가 시작된다. 이것이 우리가 연결고리의 순환에 갇혀 있는 모습이다.

이 순환의 어느 지점에서 당신이 유(becoming)가 되어가는 과정에 사로잡혀 있음을 알고 그것을 멈출 수 있는 선택권을 행사할 수 있다. 그것은 갈애의 연결고리에서 무지로 짜깁기된 고통의 순환에서 벗어날 수 있는 선택권이다. 이 선택권이 자유의 문을 연다. 앞에서 언급한 상상의 시나리오로 돌아가면, 당신은 당신의 습관적 패턴에서 일어나는 불쾌한 느낌을 알아차리고 확대되는 반응성의 순환을 멈추고 거기에서 빠져나올 수 있다.

이때 당신은 자기연민의 시간을 가질 수 있다. 자기연민이 혐오의 영향을 완화하고 그것을 삼가는 기회를 제공할 것이다. 그것은 또한 당신의 어떤 다음 날의 프레젠테이션에서 당신의 두려움을 줄여줄 것이고 당신이 창조적으로 일할 수 있는 기회를 제공하는 공간을 당신에게 열어줄 것이며 이로 인해 당신은 약간의 자유를 얻을 수 있을 것이다. 이것이 무지의 흠결을 더 깊게 하는 것이 아닌 통찰을 위한 조건을 만드는 것이다. 당신은 연기의 순환에서 빠져나올 수 있다.

수행 교실

29. 12 연기의 순환도를 그려보고 각각의 연결고리의 의미를 설명해본다.
30. 당신은 당신 마음의 어떤 경험을 연기의 순환 형태로 표현하여 제시할 수 있겠는가? 가능하면 당신 마음의 움직임을 12 연기의 연결고리 형태로 표시·서술해보라.

9

네 개의 성스러운 진리

고타마 싯다르타는 연기의 순환이 고통의 원인인 것을 깨달았고 통찰을 통하여 이 순환을 깨뜨릴 수 있다는 것을 깨달았다. 이러한 그의 통찰을 네 개의 성스러운 진리, 즉 사성제(Four Noble Truths)라고 부른다. 여기서의 통찰은 괴로움(dukkha)이 어떻게 일어나고 그것을 어떻게 완화시킬 수 있느냐 하는 것에 대한 이해이다. 네 가지 성스러운 진리란 다음을 말한다.*

첫째 '이것이 괴로움이다'라고 있는 그대로 분명히 아는 진리
둘째 '이것이 괴로움의 발생이다'라고 있는 그대로 분명히 아

* 전재성 역주, 『디가니까야』, 한국빠알리성전협회, 2011, p.989-1006.

는 진리

셋째 '이것이 괴로움의 소멸이다'라고 있는 그대로 분명히 아는 진리

넷째 '이것이 괴로움의 소멸에 이르는 길이다'라고 있는 그대로 분명히 아는 진리

괴로움의 성스러운 진리

우리 인간들은 삶에서 많은 괴로움 즉 고통을 겪을 수밖에 없다는 진리를 의미한다. 일명 고제(苦諦)라고 한다. 태어남, 늙음, 병, 죽음도 괴로움이고, 근심, 슬픔, 우울, 절망도 괴로움이다. 사랑하는 사람과 헤어지는 괴로움도 있고 미워하는 사람과 만나는 괴로움도 있다. 원하는 것을 얻지 못하는 괴로움도 있다. 이와 같이 우리 인간은 삶에서 필연적으로 많은 괴로움과 직면할 수밖에 없는 운명에 처해 있다. 이것이 우리의 삶이 직면한 괴로움의 진리이다. 그리고 우리 인간들은 이와 같이 피할 수 없이 맞는 첫 번째 괴로움 위에 두 번째 괴로움의 화살을 맞는다. 이 두 번째의 화살은 '저

항 강박(resistance obsession)'*이라는 화살이다.

첫 번째 화살로 인해 발생한 고통을 느끼지 않으려고 하는 마음이 맞는 화살이다. 통찰 전통에서는 이 두 번째 화살의 고통이 첫 번째 화살의 고통보다 더 크고 오래 간다고 한다. 그러나 첫 번째 화살은 삶에서 맞을 수밖에 없는 불가피한 것이지만 두 번째 화살은 피할 수 있다. 혹은 두 번째 화살을 맞는다고 할지라도 그 고통을 완화시킬 수 있다. 그렇게 할 수 있는 길은 통찰 수행에 있다.

괴로움 발생의 성스러운 진리

붓다는 통찰을 통하여 자신의 마음을 살펴보았다. 그리고 그는 괴로움의 뿌리에는 무지가 있음을 관찰하였다. 그는 무지에서 연기의 연결고리가 시작되는 것을 보았다. 그는 연기의 연결고리에서 괴로움이 발생하는 곳이 여덟 번째 연결고리인 갈애라고 관찰하였다. 그는 이 갈애의 순간이 괴로움이 발생하는 순간이라고 보았다. 갈애의 순간에 좋아

---

* p.54 참고.

하는 것을 가지려 하고, 싫어하는 것을 기피하고, 관심이 없는 것을 무시하는 자아감이 일어난다.

이 순간이 저항 강박의 순간이다. 자기중심적 선호시스템이 작동하는 순간이다. 이 순간은 본래의 '건전한 나'가 '이기적인 나'와 융합하는 순간이다. 이 순간 이후의 나는 이기적인 나이며 편향적인 나이다. 향락과 탐욕을 추구하는 나이며 감각적 쾌락과 욕망에 탐닉하는 나이다. 이러한 나는 괴로움이라는 고통에 빠지고 있는 나이다. 이것을 괴로움 발생의 성스러운 진리라고 부른다. 일명 집제(集諦)이다.

괴로움 소멸의 성스러운 진리

일명 멸제(滅諦)라고 한다. 무지가 제거됨으로써 업이 중단되고, 업이 중단됨으로 의식이 중단된다. 이와 같이 연기의 순환이 중단된다. 갈애가 남김없이 사라지고 소멸되면 집착 없이 해탈한다. 이 경지가 청정무구한 해탈과 열반의 세계이다. 연기의 순환을 끝냄으로써 가능한 세계이다.

그러나 문제는 무지가 쉽게 사라지지 않는다는 점에 있다. 갈애가 용이하게 소멸되지 않는다는 점에 있다. 내가 누구인지를 모르고 있고, 모든 존재들의 상호연결성의 진리를 깨닫지 못하고 있는 나는 '자기중심적 선호시스템'의 지휘를 받고 있다. 따라서 무지는 제거되지 않고 갈애의 뿌리는 제거되지 않는다. 때문에 자기중심성의 고착화를 완화하는 길을 찾는 수행이 요구되는데 그 길이 괴로움 소멸에 이르는 길의 성스러운 진리이다.

괴로움 소멸에 이르는 길의 성스러운 진리

일명 도제(道諦)라고 한다. 이 길은 8정도의 길이다. 8정도의 길을 수행함으로써 괴로움에서 벗어나 마음을 자유롭고 평화롭게 할 수 있다. 8정도를 수행함으로써 연기의 순환에서 무지의 연결고리에 빠지지 않을 수 있고 만약 빠졌다고 하더라도 여덟 번째 갈애의 연결고리에서 빠져나올 수 있다.

8정도는 크게 세 부분으로 구성되어 있다. 지혜를 계발하는 길, 윤리적 행동을 계발하는 길 그리고 정신수련의 길이 그것이다. 이것을 다음과 같이 구분하여 표시할 수 있다.

• 8정도

지혜의 계발

1 정견(right view)

2 정사유(right intention)

윤리적 행동의 계발

3 정어(right speech)

4 정업(right action)

5 정명(right livelihood)

정신수련의 계발

6 정정진(right effort)

7 정념(right mindfulness)

8 정정(right concentration)

8정도란 정견(올바른 견해), 정사유(올바른 사유), 정어(올바른 언어), 정업(올바른 행위), 정명(올바른 생활), 정정진(올바른 정진), 정념(올바른 마음챙김) 그리고 정정(올바른 집중)이다. 이들을 설명한다.

정견이란 괴로움에 대하여 알고, 괴로움을 소멸로 이끄는 길에 대해 아는 것이다. 정사유란 욕망, 분노, 폭력이 없는 사유이다. 정어란 거짓말하지 않고 이간질하지 않고, 욕지거리하지 않고, 꾸며대는 말을 하지 않는 것이다. 정업이란 살아 있는 생명을 존중하고, 도둑질하지 않고, 순결한 삶을 사는 것이다.

정명이란 바른 생활로 생계를 꾸려나가는 것이다. 정정진이란 마음에 악하고 불건전한 것들이 생겨나지 않도록 하고, 그런 것들이 생겨나면 버리도록 마음을 책려하며, 마음이 건전한 상태가 되도록 의욕하며, 이미 생겨난 건전한 것들을 유지하며 증가시키도록 노력하는 것이다. 정념이란 몸, 느낌, 마음, 사실에 대하여 올바르게 관찰하고 알아차리는 수행이다. 마지막으로 정정이란 바른 수행으로 선정상태에 들어가는 것을 말한다.

이상의 8정도의 길을 수행함으로써 무지의 삶인 괴로움의 윤회에서 벗어나 마음이 자유롭고 평화로운 해탈의 삶을 누릴 수 있다.

수행
교실

31. 사성제란 무엇을 말하는지 설명해본다.
32. 8정도란 무엇을 말하는지 설명해본다.
33. 사성제와 8정도를 이해한 후 당신의 견해를 피력해본다.

4부

감정적 고통 통찰

우리 인간들의 감정적 고통을 통찰하고

이것들을 완화하는 사무량심을 다룬다.

10

감정적 고통과 사무량심

앞의 8장에서 우리는 연기의 순환과정에서 순환을 중단시킬 수 있는 가능성을 보았다. 그것은 여덟 번째 연결고리인 갈애를 중단시키는 것이다. 갈애를 중단시켜 마음의 윤회를 끝내고 고통의 삶을 끝낼 수 있다.

갈애(craving)란 무엇인가? 갈애는 우리의 느낌에 대해서 충동적으로 취사 · 선택하는 우리 의도의 작용이다. 즐거운 느낌에 대해서는 욕망이, 괴로운 느낌에는 혐오가, 괴롭지도 즐겁지도 않는 느낌에는 무관심과 망각이라는 감정적인 경향성이 있다. 갈애는 '나'라는 존재의 유지와 보호를 바라는 생존의 욕구, 감각적 체험을 즐기려는 욕망, 자신이 원하지 않는 것을 피하고, 그것들을 훼손하고 파괴하려는 욕망이다. 갈애는 괴로움의 원인이고 업을 만드는 힘이다.

오늘날의 신경과학에서 보면 갈애는 인간이 자신의 생존과 안녕을 위해 자신에게 필요한 것을 충족시키기 위해 몸과 마음을 구동하게 만드는 힘이다. 릭 핸슨(Rick Hanson)은 갈애는 동물의 욕구충족 과정에서 결핍과 장애를 경험할 때 증가하고 반면에 포만감과 균형이 갖추어지면 감소한다고 하였다.*

오늘날의 진화심리학과 신경과학에 의하면 우리 인간들의 핵심 욕구는 안전, 만족, 연결이고 이에 대응하는 운영시스템은 회피, 접근, 애착이다. 우리는 생존을 위해 위협을 회피하며, 안전한 조건을 찾고, 사랑받고 사랑하기 위해 상호연결이 필요하며 만족하고 행복한 삶을 누리고 싶은 애착의 행동양식이 고정화되어 있다. 앞서 7장에서 본 바와 같이 우리는 위협, 구동 그리고 안정/소속감의 시스템을 가진 감정시스템으로 살고 있다.

릭 핸슨은 이들 운영시스템을 녹색구역과 적색구역으로 구분하였다. 녹색구역에서 몸을 수선 · 회복 · 충전하여 마음을 평화 · 만족 · 사랑으로 채운다. 이 구역에서 우리는 보람을 느끼고 행복해한다. 따라서 이 구역이 우리 삶의 기본적

---

* Rick Hanson, *Hardwing Happiness*, Random House, 2013.

상태이다. 그러나 마음이 부정적 상태에 빠지면, 즉 위협 · 상실 · 거절의 경험에 직면하면 몸은 녹색구역을 떠나 투쟁 · 도주 · 동결상태에 처하게 되고 마음은 위협 · 갈등 · 고통에 휩싸인다. 이러한 상태는 적색구역이다.

현대를 사는 우리 인간들은 삶의 복잡성, 특히 삶의 경쟁의 격화로 인해 녹색구역에서 휴식을 취하는 일이 점점 어려워지고 있다. 우리는 대인관계나 직장에서 삶의 안식을 얻기가 힘들다. 현대사회의 삶에서 녹색구역을 더 크고 넓게 계발하고 확장하는 일은 거시적으로 사회제도와 환경의 문제가 될 것이고 이는 인류의 공통된 염원이다. 모든 인류가 녹색구역에서 거주할 수 있도록 사회제도를 정비하고 환경을 개조함으로써 그것이 가능할 수 있는 사회적 토대를 마련할 수 있다. 그러나 여기에서 우리가 다루고 있는 것은 미시적 관점이다. 지금 여기 내가 처한 입장과 상황에서 나를 녹색구역에 위치시키는 일을 하는 것이다.

오늘날의 심리학에서는 우리가 긍정적 경험을 통하여 녹색구역을 계발할 수 있다고 한다. 긍정적 경험을 하여 그것이 우리 내면의 특성이 되도록 해야 한다고 한다. 그렇게 되기 위해서는 긍정적 경험을 반복적으로 해야 한다고 한다.

그럼에도 불구하고 우리의 삶에서 갈애가 발생하는 일은 불가피하다. 따라서 갈애를 약화시키고 그것의 발생 빈도와 강도를 줄여 우리의 삶의 고통에서 해방될 수 있는 길을 찾아야 한다. 그 길은 감정적 고통이 발생하지 않도록 수행하는 길이며 이미 발생한 감정적 고통을 약화시키고 해독하는 수행의 길이다. 그 길이 통찰의 길이고 수행의 길이다.

감정적 고통

통찰 전통에서는 갈애로 인하여 일어나는 대표적인 감정적 고통으로 화 · 욕망 · 질투 · 자만을 열거한다. 물론 이것들만이 감정적 고통 모두는 아니다. 그러나 이것들은 우리 인간이 겪는 감정적 고통의 원형이라 할 수 있는 것들이다. 이들 감정적 고통은 우리 인간의 삶을 심하게 파괴하는 것들이다. 우리가 이들 감정적 고통 아래에 있는 한 행복한 삶을 영위하기가 힘들다. 왜냐하면 이들 감정적 고통이 우리 삶의 상호연결성의 진리를 가로막기 때문이다. 즉 감정적 고통으로 인하여 '여기에 있는 나의 자아감'이 '저기에 있는 다른 사람의 자아감'과 분리되는 경험을 강화하기 때문이다.

따라서 12연기에서 느낌의 연결고리 다음의 연결고리인 갈애의 감정적 고통 속으로 빠져들지 않고 그곳에서 걸어 나오는 일이 중요하다. 그 순간은 감정적 고통 속으로 들어가느냐 아니면 들어가지 않느냐 하는 갈림길에 서 있는 순간이다. 이 갈림길의 순간에서 빠져나오기 위해 전통적으로 전해온 통찰과 수행의 방법을 제시한다. 이 방법은 4단계로 진행된다.

첫 번째는 고통스런 감정이 마음을 사로잡는 것을 알아차리는 것이다. 대상에 대한 알아차림, 즉 마음챙김을 한다. 화나 질투 같은 감정을 직접 보겠다고 마음먹고 기다린다. 기다리다 고통스런 느낌이 일어날 때 그 기미를 알아차린다. 알아차림이 대단히 중요하다.

두 번째는 고통스런 감정을 직접 본다. 이것은 화 또는 욕망과 같은 당신의 감정을 직접 보는 것이다. 화 또는 질투의 감정이 솟아오를 때 그것을 직접 본다. 그 감정이 솟아오를 때 고함을 지르거나 물건을 던지지 않고 당신의 화와 질투를 직접 본다. 쉽지 않은 일이지만 수행으로 이러한 행동이 가능하다. 따라서 수행이 요구된다.

이때 화를 내고 있는 나의 '자기중심적 선호시스템'을

제3의 관찰자인 객관적 내가 본다. 이것이 당신이 화를 직접 볼 수 있는 방법이다. 이때 도움을 줄 수 있는 것으로는 당신의 호흡에 가볍게 주의를 기울이는 것 그리고 당신 몸의 느낌을 느끼는 방법 등이 있다. 마음이 일으킨 내면의 드라마인 화 또는 질투는 곧 마음에서 사라질 한 편의 드라마이고 그것은 곧 사라질 거품이다. 이렇게 당신이 당신의 드라마를 맨 주의로 바라볼 때 당신의 감정적 고통은 사라진다.

세 번째는 감정적 고통을 해독하는 해독제를 계발한다. 감정적 고통을 맨 주의로 바라봄으로써 해소할 수도 있지만 그렇지 못할 경우에는 각각의 감정에 대한 해독제를 투여하여 감정적 고통을 해소한다. 그 해독제로는 자애, 연민, 공감의 기쁨, 평정심이라는 사무량심(four limitless qualities)이다. 이들 사무량심이라는 해독제를 투여하고 난 뒤에 이 순간 우리의 모든 경험의 한가운데서 안식한다.

네 번째는 모든 경험의 한가운데서 편안하게 안식하는 단계이다.

감정적 고통에 대한 통찰과 수행의 단계를 요약하면 다음과 같다.

1 단계: 감정적 고통이 마음을 사로잡는 것을 알아차린다.

2 단계: 감정적 고통을 직접 본다.

3 단계: 감정적 고통을 해독하는 해독제를 계발하고 투여한다.

4 단계 : 모든 경험의 한가운데서 안식한다.

사무량심(four limitless qualities)

사무량심은 붓다 이전의 인도 베다전통(vedic tradition)*에 기원을 두고 있다. 사무량심은 우리 인간 모두가 상호연결의 존재라는 것을 인식하고 그 진리와 접속하게 하는 마음이다.

그러나 감정적 고통은 이 연결을 차단한다. 사무량심이란 자애, 연민, 공감의 기쁨 그리고 평정심이다.

- 자애(loving-kindness)는 자신과 타인의 웰빙과 행복을 위하

* 베다(veda)는 3,500년 전에 아리안족이 발전시킨 신화, 철학, 기도문 등으로 이루어진 작품을 말한다. 베다는 힌두교 지식의 원천으로, 현존하는 문화 전통 중에서 가장 오래된 것으로 알려져 있다.

는 순수한 염원이다. 이것은 화와 혐오에 대한 해독제이다. 자애가 감정적 고통을 만나면 연민이 일어난다.

- 연민(compassion)은 자신과 타인의 고통이 그치기를 바라는 마음이다. 연민은 욕망에 대한 해독제이다.
- 공감의 기쁨(sympathetic joy)은 자신과 타인의 건강, 행운, 성공에 대해 감사하고 기뻐하는 것이다. 질투의 해독제이다.
- 평정심(equanimity)은 모든 사람과 사물을 동등하게 대하는 것으로 편견에 사로잡히지 않는 공정한 마음을 말한다. 자만의 해독제이다.

자애, 연민, 공감의 기쁨 그리고 평정심의 에너지를 우리의 마음에 적극적으로 투여하는 수행을 하면 화, 욕망, 질투 그리고 자만이 사라지고 점차 새로운 습관을 만들 수 있다.

통찰 수행에서 사무량심에 대한 열망과 기도를 다음과 같이 표현할 수 있다.

자애: 모든 존재가 행복하기를

연민: 모든 존재가 고통에서 해방되기를

공감의 기쁨: 모든 존재가 기쁨을 같이 누리기를

평정심: 모든 존재가 평정심으로 살기를

수행 교실

34. 사무량심을 열거하고 이것들을 사용하는 방법을 설명해본다.
35. 당신은 화, 욕망, 질투 그리고 자만이 발생할 때 이를 어떻게 다스리고 있는가?

11

화 다스리기

화(anger)는 인간의 가장 대표적인 파괴적 감정의 하나로 매우 거친 감정적 고통이다. 자신이 위협을 받고 있다고 생각하거나 혹은 자신이 추구하고 있는 목표가 방해를 받고 있다고 느낄 때 인간은 화의 충동을 일으키고 화를 발산한다. 그리고 화의 충동은 공격이라는 행동으로 연결된다. 화로 인한 결과는 기분 나쁨, 흥분 상태, 상대와의 단절로 이어지고 삶의 아름다움을 파괴하는 상태로 귀결된다. 불행을 자초하는 것이다. 통찰수행의 관심은 화를 다루는 방식에 있다. 이 방식은 화를 단계별로 고찰하고 대응하는 것이다.

1 단계

먼저 화난 나의 마음을 알아차린다. 알아차림은 마음챙

김에서 가장 중요한 수행이다. 마음챙김 그 자체이다. 낮은 단계의 소극적인 화는 알아차리는 것만으로 사라지기도 한다. 알아차림으로 화에 사로잡히지 않을 수 있다. 화가 나고 있다는 것을 알아차렸을 때 하던 일을 잠시 멈추고 당신의 마음에서 화를 부채질하고 있는 생각이나 이미지에 주의를 보내면서 어떤 종류의 화가 일어나고 있는지를 인식할 수도 있다. 그리고 당신의 몸이 어떻게 느끼고 있는지도 알아차린다. 화가 당신의 호흡에 영향을 미치고 있는가? 아니면 몸의 어떤 부분에 긴장이나 수축이 있는가? 이렇게 당신은 화를 알아차리면서 화와 가까워질 수 있다. 그러면 낮은 단계의 화는 사라진다.

2 단계

화가 쉽게 사라지지 않고 계속 마음속에서 버티면 그다음 단계는 화난 마음을 직접 보는 것이다. 자신의 화난 마음을 직접 보면 대개의 경우 지금까지 자신을 사로잡았던 정신적 드라마는 사라질 수 있다. 신기루와 같이 사라진다. 이와 같은 현상을 공성(emptiness)*이라 한다.

---

* 공(空)은 불교 특히 대승불교의 진리 표현 가운데 하나이다. 이 말은 '빈', '공허한', '결여된', '없는' 등의 의미를 가지고 있다. 인도의 수학에서는 제로(zero)를

그러나 잠시 후에 그 정신적 드라마는 다시 본 모습으로 돌아오기도 한다. 그러면 다시 그 드라마를 직접 본다. 우리는 이 드라마가 견고한 실체가 아닌 것을 보는 수행을 거듭한다.

화라는 파괴적인 마음의 환상적인 성질을 보면 감정 속에 내재되어 있는 지성을 발견할 수 있다. 이러한 지성을 티베트의 위대한 스승 파툴(Patrul)* 린포체**는 다음과 같이 표현했다.

> "증오의 대상 뒤를 따라가지 마라. 화난 마음을 보라. 일어날 때 스스로 자유로워지는 화는 맑은 빈 공간이다. 맑은 빈 공간은 대원경지(大圓鏡智)***와 다르지 않다."

의미한다. 공성(空性)은 '비어 있는 성질'을 말한다.

* 오갠 직매 최끼 왕뽀라는 이름을 가진 파툴(1808~1887) 린포체는 티베트의 동부에서 태어났다. 그는 궁극적 본성에 대한 깨달음을 얻은 성취자로 알려졌다. 그의 삶은 보살의 삶을 여실히 보여준 삶이었다. 그는 수행의 본보기로 칭송된다. 그는 "좋은 마음을 가지세요. 친절한 행동을 하세요. 이것보다 더 중요한 것은 없습니다."라고 모든 사람에게 말했다. 그의 저서로는 그의 스승 직매 갤와 뉴구에게서 구전으로 전수받은 것을 펴낸 『위대한 스승의 가르침(The Words of my Perfect Teacher)』이 있다.

** 린포체(Rinpoche)라는 용어는 티베트 명상에서 사용하는 용어로, 일정한 자격을 갖춘 승려에게 주어지는 칭호이다.

*** 대원경지(大圓鏡智)란 수행을 통하여 얻는 지혜로, 거울처럼 투명하고 원만하게

화에 내재되어 있는 에너지는 잘못이 없다. 그것은 순수하고 오염되지 않는 에너지다. 그러나 그 에너지가 자기중심적 선호시스템에 포획되어 발산될 때는 매우 파괴적인 화가 된다. 티베트 전통에서는 화의 순수한 에너지를 거울과 같은 지혜, 즉 대원경지라 부른다. 그 에너지가 모든 것을 선명하게 드러내는 것이므로 거울과 같다고 하였다. 이러한 에너지가 우리의 에고에 포획되어 화의 형태로 분출되는 것, 그것이 고통스런 감정이다.

3 단계

화라는 감정적 고통을 해독하는 해독제를 계발한다. 이 해독제는 자애(loving-kindness)이다. 자애란 자신과 타인의 행복과 웰빙을 위한 순수한 염원이다. 화와 화의 공성(emptiness)을 직접 보고 난 뒤 자애수행을 한다. 이렇게 하기 위해서는 나를 화나게 한 사람과 그 사태에 대한 이해가 선행되어야 한다. 나를 화나게 한 사람도, 또 그의 행동도 한 사람의 연약한 인간의 행동에서 비롯된 것임을 이해해야 한

일체를 비추는 지혜를 말한다.

다. 우리 모두는 자기중심적 선호시스템의 지배를 받고 있는 연약한 인간이다. 그도 마찬가지이다. 그도 무지에 파묻혀 살아가고 있는 연약한 인간이다. 그와 나 그리고 우리 모두는 연약한 인간이다. 우리 모두는 우리의 무지로 인한 고통에서 해방될 필요가 있는 인간이다. 이와 같은 연민심이 발화될 수 있다면 우리는 다음과 같이 기도할 수 있다.

> "그와 내가 모두 이 고통에서 해방되기를… 그와 내가 모두 건강하고 행복하기를…"

이렇게 우리는 자애를 계발하여 화에 대처할 수 있다. 그리고 나의 몸에서 발생하는 느낌을 알아차린다. 만약 친절한 느낌이 생기면 좋은 일이다. 그렇지 못할 경우에는 4단계 수행으로 진입한다.

4 단계

정좌 마음챙김수행을 시작한다. 안정화, 접지화를 거쳐 안식화 단계에 이르고 모든 경험의 한가운데서 안식한다. 이것은 4단계 수행이다. 안식화에서의 알아차림은 심원한 직관적 앎의 상태인 지혜의 조건을 만드는 자연의 연금술이다. 이 수행의 중요한 부분은 모든 경험의 한가운데서 한 사람의 바보같이 그냥 앉아 쉬는 것이다. 그 바보는 현존하고 발생하는 모든 것을 인식하고 있지만 그 경험에 대해 선입견을 갖지 않는다. 그 바보는 지혜로운 인간의 전형적인 상징이다.

수행
교실

36. 당신의 일상생활에서 화가 일어날 때 화를 다스리는 4단계 방식으로 당신의 화를 다스려본다.

12

욕망 다스리기

욕망(desire)을 12연기의 순환의 관점에서 보면, 그것은 여덟 번째의 연결고리인 갈애(craving)의 발현이다. 이것을 릭 핸슨은 '빈곤과 부족의 상태'라고 하였다. 따라서 부족한 것을 채우려고 하는 심리상태가 욕망으로 현현하는 것이다.

사람들은 자신에게 부족한 것이 있으면 그것을 채우려고 한다. 배가 고프면 음식을 원하고, 더 예뻐지기를 원하여 화장을 하고 성형을 한다. 불안한 마음을 달래기 위해 오락에 탐닉하고 부족한 지식을 채우기 위해 공부를 한다. 더 지혜로운 인간이 되기 위해 명상 수행을 한다. 그리고 인간들은 순간순간의 경험을 회피하기 위해 휴대폰을 만지작거리고 TV를 켠다. 심하면 도박이나 약물중독에 빠진다.

페마 초드론(Pema Chodron)*은 인간의 에고는 습관에 중독된다고 보았다. 그리고 중독된 습관이 우리를 고통과 파멸로 이끈다고 하였다. 약물중독이나 운동중독뿐만 아니라 생각중독이나 섹스중독에 빠진 사람을 보면 이를 알 수 있다.

현대 신경과학은 모든 형태의 갈애는 뇌에 있는 도파민(dopamine) 시스템의 불균형 상태라고 본다. 도파민은 보상에 반응하여 일어나는 쾌락의 느낌에서 핵심 역할을 한다. 신경과학자들은 즐거움과 관련된 뇌 안의 회로와, 원하는 것과 관련된 뇌 안의 회로를 구분한다.

리치 데이비슨(Richie Davidson)**은 "이들 두 개는 종종 같이 간다. 우리는 우리가 좋아하는 것을 원한다. 그러나 원하는 것과 관련된 갈애의 회로는 강화되는 것으로 나타나지만, 좋아하는 것과 관련된 갈애의 회로는 약화되는 것으로

* 불교 명상가로 『지금 있는 곳에서 시작하라(Start where you are)』(이재석 역, 한문화, 2015) 등의 저서가 있다.

** 미국의 위스콘신 대학교의 심리학과 및 정신의학과 교수이며 동 대학의 '건강한 마음센터'의 설립자이자 소장이다. 대표 저서로는 Daniel Goleman과 공저한 『명상하는 뇌(Altered Traits)』(김완두 · 김은미 역, 김영사, 2022)가 있다.

나타난다. 동일한 경험을 계속함으로써 좋아함 혹은 즐거움의 감각은 감소하고 원하는 것의 감각은 계속 증가하기 때문에 우리는 더 많이 원하지만 더 적게 좋아하게 된다. 우리는 계속 원할 뿐이지만 그러나 그만큼 즐기기 위해서는 더 많은 것을 필요로 한다."고 하였다. 이러한 상태가 중독의 상태이다.

중독 상태에 빠져 있는 나쁜 습관의 힘인 갈애를 약화시키고 우리의 삶을 개선하여 건전하고 바른 삶을 유지하기 위해서는 욕망을 다스리는 일이 필요하다. 욕망도 화와 같이 거친 감정적 고통이다. 욕망을 다스리는 방법도 화를 다스리는 방법과 같이 4단계로 접근한다.

1 단계

욕망으로 끓고 있는 나의 마음을 알아차리는 것이다. 알아차리는 행위는 마음챙김에서 가장 중요한 일이다. 마음챙김 그 자체이다. 낮은 단계의 욕망은 알아차리는 것만으로 사라진다. 이때는 욕망이 나의 몸에 미치고 있는 느낌을 알아차린다. 욕망으로 인해 몸의 어떤 부분에 긴장이나 수축이 있는지를 살핀다. 욕망이 당신의 호흡에 영향을 미치고 있는지도 살핀다. 이렇게 당신의 욕망을 알아차리고 인식한다. 그러면 낮은 단계의 욕망은 사라질 수 있다.

2 단계

욕망이 사라지지 않고 나의 마음속에서 버티면 그다음 단계는 욕망이 일어난 마음을 직접 본다. 주의를 이동시켜 욕망을 직접 보면 대개의 경우 욕망의 정신적 드라마는 사라진다. 이러한 성질을 앞에서 공성이라 하였다. 그러나 잠시 후에 욕망의 정신적 드라마는 다시 돌아오기도 한다. 그러면 다시 그 드라마를 직접 본다. 이 드라마가 실체가 없음을 보는 수행을 계속한다. 욕망의 환상적 성질을 본다는 것은 욕망이라는 감정 속에 내재되어 있는 지성의 에너지를 발견하는 것이다. 파툴 린포체는 이러한 사실을 다음과 같이 읊었다.

> "욕망의 대상을 갈망하지 마라, 갈애의 마음을 보라. 스스로 일어났다 사라지는 욕망은 지복의 빈 공간, 지복의 빈 공간은 묘관찰지(妙觀察智)*와 다르지 않다."

---

* 묘관찰지(妙觀察智)란 잘못 계산하고 분별되는 의식이 수행을 통해서 정확하고 올바르게 관찰하는 지혜로 전환된 것이다.

욕망에 대한 지혜인 묘관찰지는 현재의 순간에 대한 높은 민감도이다. 그 안에서 우리는 집착과 혐오에 근거하지 않는 방식으로 하나의 사물을 다른 것과 구별할 수 있다.

리치 데이비슨의 연구가 위의 사실을 지지하고 있다. 즉 원하는 것과 기쁨은 뇌 안에서 경로가 분리되어 있고 원하는 것이 강하면 강할수록 삶의 기쁨은 더욱 약해진다는 것이다. 위에서 운문의 형식으로 '지복의 빈 공간(bliss-void)'이라고 한 의미가 바로 이것이다. 여기서 '나의 원함'이라는 것은 사라지고, 삶의 충만함 그 자체가 감사와 기쁨으로 나타난다. 그러나 이러한 기쁨도 견고한 것은 아니다. 그것도 언젠가는 사라진다.

3 단계

욕망이라는 감정적 고통을 해독하는 해독제를 계발한다. 욕망에 대한 해독제는 연민(compassion)이다. 명상 전통에서는 자비(慈悲)라고도 한다. 이는 "자기 자신과 다른 사람의 고통에 대한 깊은 자각과 그 고통에서 해방되기를 바라는 염원과 노력이 결부된 근원적 친절"이다. 이것은 두 가지 과정을 의미한다. 하나는 고통을 향해 방향을 돌리는 것이고 다른 하나는 고통을 완화하기 위해 마음에 깊은 열망을 품는 것이다.

우리의 마음이 지속적으로 연민의 특성을 갖추기 위해서는 수행이 필요하다. 티베트 전통에서는 연민 수행에서 통렌을 수행할 것을 권유한다. 통렌(tonglen)은 접수하고 내보내는 것(taking in and sending out)이란 의미를 갖고 있는 것으로, 자신이나 타인의 고통을 받아들이고 그 고통에 긍정적이고 따뜻한 마음을 보내는 수행이다. 통렌 수행을 위해서는 먼저 나의 마음이 친절, 용기, 기쁨으로 채워져야 한다. 이러한 가능성을 갖는 의미로 나의 가슴에 이들을 대표하는 해와 달의 빛이 들어와 있다고 상상한다. 그리고 나의 고통이나 타인의 고통을 들숨으로 들이마신다고 상상한다. 그리고 나의 가슴에 있는 해와 달의 빛으로 가슴에 들어온 그 고통을 용해시킨다. 나의 사랑, 따스한 에너지, 신뢰와 기쁨의 밝은 빛으로 그 고통을 용해한다. 그리고 날숨에 용해된 고통의 찌꺼기를 내보낸다고 상상한다.

연민의 수행으로 통렌을 하는 이유는 앞서 설명하였던 저항 강박의 사례에서와 같다. 우리는 삶의 불가피한 괴로움에 대한 저항으로 우리에게 괴로움 그 자체가 아닌 다른 괴로움을 야기시키고 있다. 즉 저항 강박으로 우리는 막대한 양의 에너지를 소모하고 있다. 이 점이 우리를 자기중심적 세계에 가둔다. 여기서의 핵심 통찰은 저항하고 회피하고 있는 에너지를 연민의 에너지로 변형하여 활용하는 것이다. 저항과 분별활동은 그 통증에 대한 우리의 투사(projection)*이다.

만약 이런 상황에서 통렌 수행을 하는 것은 자신이나 타인의 고통을 숨으로 들이마시고 그것을 가슴에서 해와 달의 빛으로 용해시켜 날숨에서 그 찌꺼기를 내보내는 것이다. 이 수행으로 저항하고 분별하는 활동은 철회될 것이므로 내가 혹은 타인이 느끼는 1차적인 통증은 그대로 남겠지만 2차적 괴로움은 사라진다.

통렌 수행은 나의 EPS의 특질인 견고한 성향을 변형시키는 수행법이다. EPS의 견고한 성향을 완화시킴으로써 EPS에 가려져 있는 나의 지혜를 찾을 수 있다. 투사를 철회함으로써 그것이 가능하다.

4 단계

모든 경험의 한가운데서 안식하는 단계이다. 수행의 마지막에 이르러서 우리는 안식한다. 이 단계에서는 수용의

* 투사는 우리 자신 안에서 일어나고 있는 무의식적 느낌과 자극의 존재를 부정하고 대신에 그것이 일어난 것을 다른 사람이나 사물의 탓으로 돌리는 것을 말한다.

방식으로 모든 경험을 받아들이면서 그 경험 안에서 안식한다. 이렇게 함으로써 우리는 욕망이 부채질하고 있는 이야기와 투사로부터 해방된다. 우리는 갈애에서 벗어날 수 있고 기쁨의 공간에서 안식할 수 있다.

수행 교실

37. 당신의 일상생활에서 욕망이 일어날 때 당신의 욕망을 다스려본다. 4단계 방식을 따라 당신의 욕망을 다스려본다.
38. 통렌 수행법에 대해 설명하고 그것을 일상생활에서 욕망이나 화가 일어났을 때 이를 적용하여 수행해본다.

13

질투 다스리기

부정적 감정 중의 대표적인 것의 또 하나는 질투이다. 질투(jealousy)란 타인을 부러워하는 감정 그리고 그 부러움으로 인하여 고양된 격렬한 증오나 적의를 말한다. 우리는 누구나 다른 사람을 부러워하거나 질투한다. 가까운 사람이나 아는 사람이 나보다 성적이 좋을 때, 승진이 빠를 때, 사업이 성공할 때, 좋은 차를 타고 다닐 때, 멋진 집에서 살 때 우리는 그를 부러워하거나 질투한다. 질투는 화나 욕망과 달리 미세한 감정적 고통이다. 어떤 경우에는 질투가 나에게 힘이 되어 내가 더 노력할 수 있게 하는 에너지를 제공하기도 한다. 질투는 이와 같이 긍정적인 기능도 있다.

그러나 질투가 강해지면 내 기분이 나빠지고 종국에는 나를 파괴하는 부정적 심리의 상태에 처하게 된다. 질투로 인한 증오나 적의가 불타오르면 이성을 잃게 되고, 바른 판단을 할 수 없게 되고, 결국 올바른 인간관계를 맺는 데 실패한다. 따라서 질투를 다스리는 일이 필요하다. 질투를 다스리는 방법도 4단계 방식으로 진행한다.

1 단계

질투가 나의 마음을 사로잡는 것을 알아차린다. 일상생활에서 나의 마음에 질투가 일어나고 몸이 이것을 느낄 때 이것을 알아차린다. 이때에는 마음에서 격렬한 작용이 일어나고 몸의 어딘가에 수축이 있을 수도 있고 혹은 열이 날 수도 있다. 질투의 마음과 몸의 느낌을 알아차린다. 질투가 나의 몸에 현존하고 있다는 것을 인식하고 이 감정과 함께 오는 불편한 느낌을 느끼는 단계이다. 질투를 알아차리는 것만으로 질투가 슬그머니 사라질 수도 있다. 질투가 사라지지 않으면 2단계로 진입한다.

2 단계

이 단계는 질투의 마음을 직접 보는 단계이다. 여기서는 질투에 사로잡히지 않고 질투를 직접 인식하는 것이다. 이러한 기술은 알아차림의 조명을 증가시키는 것과 같은 것으로 질투와 관련된 모든 정신적 드라마를 보는 것이다. 이러한 정신적 드라마가 공(empty)이라 할지라도 질투로 인하여 생긴 자기수축이 있다. 이것에 주의를 기울여 그것을 완화시킨다. 이렇게 하면 질투 속에 내재된 지혜의 에너지가 자리 잡을 수 있는 공간이 생긴다. 이와 같은 지혜를 파툴 린포체는 다음과 같이 표현하였다.

> "질투의 대상을 따라가지 마라. 비판적인 마음을 보라. 그것이 일어난 것과 같이 스스로 해방되는 질투는 공허한 지성이다. 이 공허한 지성은 성소작지(成所作智)*와 다르지 않다."

이 운문은 질투의 대상에 고착하지 않고 질투하고 있는 비판적인 분노의 마음을 직접 보라는 것이다. '공허한 지성'은 자기중심적인 태도에 오염되지 않는 생각의 투명성을 말한다.

---

* 성소작지(成所作智)란 잘못 보고, 듣고, 냄새 맡고, 맛보고, 감촉하는 오감각식이 수행을 통하여 바르게 보고, 듣고, 냄새 맡고, 맛보고, 감촉하는 것으로 전환된 지혜이다.

3 단계

공감의 기쁨이라는 해독제를 계발한다. 공감의 기쁨(sympathetic joy)은 사무량심의 하나로, 부러움과 질투에 대한 해독제이다. 이 기쁨은 비이기적인 기쁨이라 할 수 있다. 자기 자신과 타인의 행복과 번영을 축하해주는 것에서 오는 선한 행복의 느낌이다. 이타적인 기쁨이다. 이타적인 기쁨을 계발할 때는 자신의 좋은 친구와 같이 기분이 좋아지는 사람부터 시작하는 것이 좋다. 공감의 기쁨이 점차 강해지면 낯선 사람 그리고 우리가 힘들다고 느끼는 사람에게 그 기쁨이 향하도록 한다. 종국에 가서는 공감의 기쁨이 모든 존재에게로 향하도록 한다. 이와 같은 공감의 기쁨의 열망은 다음과 같이 표현될 수 있다.

"당신의 좋은 심성이 자라기를"
"당신이 많은 기쁨과 행운을 누리기를"

이러한 열망이 마음에서 진심으로 느껴질 때까지 이를 읊고 계발한다. 이와 같이 수행한다. 당신은 지금 당신이 질투하고 있는 사람의 행운을 축복하면서 같이 기쁨을 누리기를 원하는 만트라(진언)를 읊고 있다. 그러나 우리가 부러워하고 질투하는 사람의 행운을 기원한다는 일은 쉬운 일이 아니다. 불가능할 수도 있다. 그러나 마음을 확실하게 전환하여 끈기 있게 수행하면 질투 속에 내재해 있는 진실이 드러난다. 그 진실은 나의 마음이 질투하고 있다는 것이다. 나의 마음이 질투라는 파괴적 감정에 묶여 있다는 것이다. 그러나 내가 질투하고 있는 그 사람의 안녕을 바라는 그 순간에는 내가 질투의 감정에서 벗어나는 순간이다. 나는 질투라는 독선에서 해방된다.

4 단계

공감의 기쁨을 계발한 뒤 나는 모든 경험의 한가운데서 안식을 한다. 만약 당신이 다시 분별에 빠지면 호흡의 지원을 받아 마음챙김 한다. 그리고 마음이 다시 안정되면 모든 경험의 한가운데서 안식한다. 이때는 질투하는 마음 너머에 있는 우리 경험의 심원한 진리에 접근하는 것이다. 이것은 이원적 개념을 넘어선 마음이다. 자기중심적인 선호시스템인 내가 타인을 질투하고 있었지만 이제는 공감의 기쁨이라는 해독제를 사용하여 이원적 사고를 완화시켰다. 이와 같은 진리 안에서 우리는 알아차림의 투명함을 방해하는 무지의 장막을 관통하는 조건이 만들어진다.

수행 교실

39. 당신의 일상생활에서 질투가 일어날 때 당신의 질투를 다스린다. 4단계 방식에 따라 당신의 질투를 다스려본다.
40. 통렌 수행으로 당신의 질투를 다스려본다.

14

자만 다스리기

우리가 자신의 업무나 일을 할 때 자신감을 갖는 것은 좋은 일이다. 그것이 우리 자신의 강함을 드러내게 하고 맡은 일을 수행하는 데 있어서 활력을 제공할 수 있기 때문이다. 그러나 이와 같은 자신감이 자만이나 오만의 형태를 띠기 시작할 때는 파괴적 감정으로 작동한다. 자신을 다른 사람과 비교하면서 "내가 너보다 더 나아. 그리고 내가 최고야." 하면서 다른 사람을 경멸하기 시작하면 내 마음에 자만(pride) 혹은 오만(arrogance)이라는 감정적 고통이 자리 잡는다.

자만은 자기 스스로에게 특별한 힘, 지위 그리고 특권을 부여하는 특권의식과 밀접히 연관되어 있다. 부러움이나 질투같이 자만도 외양적으로 잘 드러나지 않는 미세한 고통이다. 그러나 자만은 우리가 하는 모든 일을 오염시킬 수 있는 강력한 마음의 상태이다.

우리는 자기 자신의 자만을 거의 볼 수 없지만 다른 사람은 나의 자만을 쉽게 눈치 챈다. 자만은 우리와 다른 사람을 분리시키는 아주 미세한 고통이다. 이 고통은 우리를 이웃과 단절시키고 우리를 우리의 우아함 그리고 지성과 단절시키는 행위이다.

자만의 밑바닥에 놓여 있는 것은 아직 충분하지 않고 만족스럽지 않다고 여기는 깊이 뿌리박힌 불안과 두려움이다. 자만과 오만은 종종 이들 느낌을 감추는 보상심리의 기제이다. 자만에 직면할 때는 이와 같은 고통스럽고 연약한 느낌에 접하게 된다. 오만한 태도로 행동하고 있을 때 우리는 당황하거나 수치스런 느낌이 일어나는 것을 알 수 있다.

자만의 반대는 겸손(humility)이다. 겸손한 자세가 몸에 익은 사람은 자만이 생겨나지 않는다. 일상생활에서 자만의 마음이 일어날 때 어떻게 수행할 것인가? 이 경우에도 4단계에 따라 수행한다.

1 단계

자만의 마음이 일어나는 것을 알아차린다. 자만심이라

는 강한 생각이 당신의 마음에 일어날 때 그리고 당신이 자만의 힘 아래에서 말하거나 행동할 때 이것을 알아차리는 것이 중요하다. 보통의 경우 자신이 오만한 상태에 있음을 알아차리지 못하고 오만한 행동을 거침없이 하는 경우가 많다. 따라서 제일 먼저 해야 할 일은 자신이 자만 상태에 있다는 것을 알아차리는 것이다. 내 마음에 있는 자만을 알아차려도 자만이 사라지지 않는 경우에는 2단계 수행을 한다. 그것은 자만을 직접 보는 것이다.

2 단계

자만의 마음을 직접 본다. 주의를 마음의 내부로 돌려 부풀어 오른 자만의 마음을 직접 본다. 자만의 마음을 직접 볼 때 당신이 알아차린 것은 무엇인가? 당신은 자만에 의해 부풀려진 당신의 견고한 감각을 느끼고 있나? 자만이 당신의 몸에 어떻게 반영되었는가?

다음과 같은 질문을 하여 본다. "내가 느끼고 있는 자만을 나는 지금 어떻게 느끼나(메타 알아차림)?" 이 질문이 자만을 느끼고 있는 것에 대한 저항이나 두려움 혹은 수치심이나 슬픔을 드러나게 할 수도 있다. 당신은 당신의 알아차림 안에서 이들 느낌을 잡을 수 있는지를 본다. 자만의 마음을 직접 본다는 것은 마음이 벌이고 있는 계교의 태도와 투사에 끌려가는 대신에 그 마음을 직접 보는 것이다. 이렇게 할 수 있는 사람은 많지 않다. 소수의 사람만이 '나'라는 느낌이 거주하고 있는 나의 마음에 직접 주의를 기울일 수 있다. 이러한 초점의 이동은 자만이라는 고통스런 감정 속에 있는 지혜의 에너지를 빛나게 한다. 자만 속에 내재해 있는 에너지는 평등성의 지혜이다. 이런 지혜를 파툴 린포체는 다음과 같이 표현하였다.

> "자만의 대상을 추적하지 마라. 부여잡고 있는 마음을 보라. 스스로 일어나 스스로 사라지는 자만은 원초적 텅 빔(primordial voidness)이다. 원초적 텅 빔은 평등성지(平等性智)* 와 다르지 않다."

우리가 자만이나 오만의 위세에서 빠져나와 자만을 직접 보면 자만이라는 것이 우리 스스로가 만든 유령임을 알 수 있다. 그것은 실체가 없는 것이다. 원초적 텅 빔은 이를 의미한다.

---

* 평등성지란 수행을 통해서 일체가 차별 없이 절대로 평등하다는 진리를 아는 지혜를 말한다.

사실 이 우주에 존재하는 모든 것은 단독의 실체로 존재하지 않고 여러 부분으로 구성되어 상호 연결되어 있는 복합체이다. 이와 같은 관점에서 보면 발생하는 모든 현상이란 우리가 그 현상에 투사한 공이다. 우리는 개념적으로 사물이 독립적이고 견고한 실체라고 가정하지만 현실은 이것을 입증하지 못한다. 모든 사물이나 현상은 서로 연결된 더 작은 구성부분으로 분해될 수 있기 때문이다. 만약 모든 것이 똑같은 공의 성질을 갖고 있다면 자만이 단독으로 존재할 여지도 없다. 자만의 마음은 공이고 자만의 대상도 공일 뿐이다.

공성(emptiness)에 대한 이러한 이해는 신경과학에서 지지를 얻고 있다. 우리의 뇌는 한 순간에서 다음 순간으로 끊임없이 상황을 예측하고 있다. 일이 진척되는 순간마다 그 자신만의 현실 버전을 만들어내고 있다. 그리고 정상에서 벗어난 일이 일어날 때는 현실의 이 버전을 조정한다. 이와 같이 뇌는 두개골의 한계 안에서 세계에 대한 우리의 지각을 구성하고 있다. 우리의 뇌가 만들어내는 현실이란 마술사가 환상을 불러일으키는 방식과 같은 방식으로 마음에 의해 구성되는 것이다. 자만의 마음이 현실을 그 자신의 버전으로 만드는 것을 우리가 직접 보는 것으로 인하여 그것이 노출되면 그것에 평정심이라는 해독제를 투여할 수 있다.

3 단계

해독제로서의 평정심을 계발한다. 여기서 평정심(equanimity)이란 투명하게 살펴보고 내면의 균형을 잡는 마음으로 모든 살아 있는 존재와의 연대감과 평등성을 보는 것을 의미한다.

연대감과 평등성의 감각은 우리가 좋아하는 것들에 한정하지 않고 우리가 모르는 무수한 생명과 우리가 적으로 간주하는 사람에 이르기까지 위대한 연민을 갖게 한다. 연민의 뿌리는 억겁의 시간 속에서 모든 살아 있는 존재는 다른 존재의 도움에 의해 삶을 유지하고 있다는 전제하에 있고 우리보다 중요하지 않는 존재가 없다는 통찰 전통에 근거하고 있다.

우리의 삶은 우주 안에서 상호 연결되어 있다. 따라서 이 우주에 존재하는 모든 생물은 그 생명에 우열이 있을 수 없으므로 오직 순수한 대응은 모든 존재를 동등하게 대하는 것이다. 평정심을 계발할 때 당신은 조용히 다음과 같이 읊조린다.

"당신도 나와 같이 고통에서 벗어나 행복하기를"
"당신도 나와 같이 안전하고 사랑받기를"

당신은 당신의 연대감과 평등성이 갖는 공동의 유대를 표현하는 위의 구절을 암송한다.

자만은 내가 너보다 위에 있고 우월하다는 심성에서 발현되는 감정적 고통이다. 연대감과 평등심의 토대 위에서 평정심의 만트라를 읊어 자만을 해독할 수 있다.

4 단계

마지막 단계는 모든 것을 내려놓고 안식하는 단계이다. 모든 경험의 한가운데서 안식한다. 자만이 일어나는 것에 주의를 기울이며 안식한다. 만약 자만이 당신을 다시 사로잡는다면 사로잡는 그 마음을 직접 본다. 그리고 평정심이라는 해독제를 사용하고 마지막으로 모든 경험의 한가운데서 쉬는 안식으로 되돌아온다. 지금 당신은 모든 경험의 한가운데서 편안하게 쉬고 있다. 지금 당신의 마음은 자유롭고 행복하다.

수행 교실

41. 당신의 일상생활에서 자만의 마음이 일어날 때 4단계 방식으로 그것을 다스려본다.
42. 통렌 수행으로 당신의 자만을 다스려본다.
43. 공성의 의미를 설명해본다.

5부

지혜의 길

마지막으로 무지로부터 해방될 수 있는 길과
지혜로운 삶의 길을 제시한다.

15

무지로부터 해방

무엇이 무지인가?

우리 인간들은 자신이 누구인지를 모르고 살고 있을 뿐만 아니라 삶의 상호 연결의 진리를 모르면서 자기중심적인 이기적 삶을 습관적으로 살고 있다. 이것이 무지이다. 오랜 삶의 진화 과정에서 생존과 재생산을 위해 자기중심적인 이기적 존재로 오염되어 있다는 것을 모르고 있다.

그리고 우리 인간들은 자신이 양육되고 성장한 집단과 사회의 관습과 문화에 기울어진 편향된 삶을 습관적으로 살고 있다. 사실이 이와 같음에도 불구하고 우리는 이러한 사실을 모르고 있다. 이 점이 무지이다. 자신이 양육되고 성장한 집단과 사회의 관습과 문화에 의해 이미 길들어져 그

관습과 문화에 기울어진 편향된 존재로 오염되어 있다.

그리고 우리 인간들 대부분은 무엇보다 중요한 삶의 진정한 의미를 깨닫지 못하고 이기적인 욕망 추구의 삶을 행복이라고 착각하면서 동물적이고 맹목적인 삶을 살고 있다. 우리의 이와 같은 삶을 무지의 삶이라 한다. 이것이 현실이다.

나는 누구인가? 앞서 우리는 변하지 않는 나라는 실재가 없다는 것을 알았다. 고정되어 있는 실재인 나는 없다고 일찍이 붓다가 말하였고 오늘날의 신경과학도 이를 입증하고 있다. 즉 나의 존재론적 자아는 없다.

그럼에도 불구하고 우리는 심리적 자아를 느끼며 살고 있다. 우리 모두가 나라고 느끼는 심리적 자아를 느끼며 살고 있다. 그런데 이 심리적 자아는 마음의 이기적 시스템인 자기중심적 선호시스템(EPS)에 포획되어 있는 나이다. 자기중심적 선호시스템에 포획되어 있는 나는 이 시스템이 지시하는 명령에 따라 살아갈 수밖에 없는 이기적인 나이다. 이기적인 나는 자신의 욕망 충족을 행복이라고 착각하면서 살아가고 있는 어리석은 나이다. 우리들 대부분은 이와 같이 살아가고 있다.

그러나 이렇게 무지 속에서 살고 있는 이기적인 나는 나의 욕망 충족 과정의 경쟁관계에서 불공정한 행동으로 동물과 같이 자신의 잇속을 채우기도 한다. 아니 어떤 경우에는 동물보다 더 못한 행동을 하기도 한다. 거짓말하고, 숨기고, 속이고 그리고 훔치는 파렴치한 행위를 서슴지 않기도 한다. 비굴한 행동을 마다하지 않고 비열한 짓거리도 한다. 그리고 자신의 이기심이 충족되지 않으면 분노하고, 질투하고 시기하고, 미워하고, 원망하고, 원한을 품고, 그리고 은혜를 원수로 갚는 짐승보다 더 못한 잔인한 행동을 하기도 한다.

경쟁에서 탈락하면 남 탓을 하고 자책하고 후회하며 우울해하고 통탄해하고 그리고 좌절한다. 요행히 경쟁에서 이기면 기고만장하여 자신의 민낯을 여과 없이 드러내고 자만하여 오만하고 거들먹거린다. 이것이 무지에 빠져 살고 있는 이기적인 인간의 진짜 모습이다. 참 인간의 모습이라 할 수 없다.

욕망 충족의 야만적 투쟁 과정에서는 정의롭지 못한 계교와 계략과 음험한 수단이 동원되고, 따라서 항상 긴장, 걱정과 근심이 필수적으로 수반된다. 따라서 마음은 평화를 얻지 못하고 늘 긴장상태에서 불안하고 초조하다. 그리고 이러한 행위의 동기와 행동은 자신의 업 속에 녹아들어 몸과 마음을 오염시킨다. 따라서 이 더러움의 오염이 악화되어가는 무지의 이기적인 나는 추악한 악마로 변해간다.

악마로 변해가는 나의 삶은 괴로운 감정의 고통의 삶 그 자체이다. 따라서 나의 마음에는 자유와 평화가 존재하지 않는다.

우리의 몸과 마음은 우리가 숨 쉬는 공기, 우리가 먹는 물, 우리가 섭취하는 여러 영양분, 우리가 살고 있는 지구 그리고 우리가 알고 사랑하는 사람 혹은 모르는 사람의 도움으로 나의 삶을 영위하고 있는 것은 너무나 명명백백한 진실이다.

오늘날 우리가 지구에서 살면서 누리고 있는 모든 삶은 자연의 혜택의 결과이며, 이루 헤아릴 수 없는 수많은 사람들이 이루어 놓은 땀의 결과이다. 약자도 강자와 더불어 평화롭게 살아갈 수 있는 세상이다. 우리는 역사의 발전으로 점차 더욱 평등해지고 더욱 자유로워지고 있다. 우리의 세상은 진화 중에 있다. 이 시점에서 특히 명심해야 할 것은, 이 세상은 나 혼자만의 힘으로 이루어낸 세상이 아니라는 것이다. 오히려 나는 역사 속에서 자연과 수많은 사람의 혜택으로 오늘을 살아가고 있는 존재이다. 내가 잘나서 나 혼자 잘살고 있는 세상이 아니다. 나는 자연과 역사 그리고 셀 수 없이 수많은 사람의 은혜 속에서 살고 있다고 말할 수 있다. 따라서 나는 내가 살고 있는 자연과 역사를 더욱 밝고 아름답게 만들어가야 할 책무를 지고 있다.

우리는 이와 같이 모든 다른 존재들의 도움으로 오늘도 생명을 영위하고 있다. 우리 모두는 우주 속에서 존재하면서 그것이 사람이거나 혹은 작은 생물이거나 혹은 물건이라 할지라도 상호 연결되어 서로 도움을 주고받으면서 살아가고 있는 존재들이다. 그런데 우리는 이러한 사실을 간과하고 있다. 이러한 진리를 모르고 있는 무지 속에서 이기적으로 그리고 편향적으로 살고 있다. 그리고 우리는 무지에 빠져서 이기적이고 편향적으로 살고 있다는 사실조차도 모르고 살고 있다.

상호 연결되어 살아가고 있는 우리들이 그 연결의 진리를 깨닫지 못하고 분별하면서 말하고 행동하기 때문에 상호 연결의 진리와 접속을 잃고 이로 인하여 고통을 받고 있다. 이것이 붓다가 말한 둑카(dukkha), 즉 삶의 괴로움이다.

그리고 인간 존재들은 자신의 생존과 안녕을 위해 여러 가지 심리적 방어기제를 개발하여왔다. 이러한 기제로는 두려움, 불안, 억제, 투사, 퇴행 그리고 부정 등이 있다. 이러한 방어기제들은 한편으로는 우리의 생존과 안녕에 이바지하고 있지만 다른 한편으로는 우리의 무지를 강화하고 있기도 하다. 따라서 이들을 제대로 파악하여 이들이 우리의 무지를 강화시키지 않도록 노력하지 않으면 우리는 무지에서 영영 헤어 나오지 못할 것이다. 따라서 이들의 기능과 작용을 바르게 이해하는 일이 시급하다.

무지를 강화하는 방어기제

두려움과 불안

사람들은 환경 속에서 그리고 다른 사람과의 관계에서 안전을 느끼지 못할 때는 두려움(fear)과 불안(anxiety)을 느낀다. 이러한 감정은 동물로서의 인간이 자기방어를 위해 개발해온 방어기제이다. 자신에 대한 위협을 두려움 혹은 불안으로 사전에 방어하고자 하는 것이다. 그러나 이러한 두려움이나 불안은 우리를 환경이나 다른 사람과 분리시키고 고립시키는 역할을 한다. 분리와 고립은 우리를 타인과 멀어지게 한다. 우리를 상호 연결의 진리에서 멀어지게 하는 것이다. 이로 인해 우리의 무지는 더욱 강화된다.

억제와 억압

무지가 강화되는 또 다른 방식으로 억제(suppression)와 억압(repression)이 있다. 우리 인간이 정신적 외상을 입을 정도의 매우 고통스러운 사건이 발생하면 우리는 이를 억제한다. 이것은 지금 우리가 느끼고 있는 고통스런 생각, 기억, 감정을 느끼지 않으려고 할 때 일어난다. 이러한 일이 식역하 수준에서 일어날 때 우리는 그것을 억압이라 한다. 억제의 한 예로 화를 억제하는 것이 있다. 내가 지금 화를 내면 다른 사람들이 나를 거절하고 미워할 것이라고 생각하여 이를 억제하여 화를 숨기는 것이다. 이러한 화의 억제는 나 자신을 방어하는 기제의 하나지만 이 경우 나의 무지는 더욱 강화된다.

투사

무지의 또 다른 하나의 신호는 투사(projection)이다. 투사는 우리 자신 안에 있는 무의식적 느낌과 자극의 존재를 부정하고, 대신에 그것들을 다른 사람이나 환경의 탓으로 돌리는 것이라고 정의할 수 있다. 투사는 긍정적인 면과 부정적인 면, 양면을 가지고 있지만, 부정적인 투사를 인식하는 방법은 우리가 어떤 사람을 비난할 때를 보면 알 수 있다. 예를 들어 어떤 사람이 나에게 말을 하였고, 그 말로 인해 내가 화를 낼 때 나는 그를 비난하면서 "그가 나를 화나게 한다." 라고 말한다. 실상은 자신의 마음 안에서 일어나는 화에 대해 그 자신이 반응하고 있는 것임에도 불구하고 말한 사람을 지목하여 그를 비난한다. 이와 같이 우리는 투사를 하면서 살고 있다. 투사가 무지를 강화하면 우리의 무지는 더욱 강화된다.

심리적 퇴행

자아를 방어하는 기제의 하나로 작용하는 심리적 퇴행(regression)도 무지를 강화하는 기제이다. 불안을 일으키게 하는 내적 위험에 대하여 마음의 안전을 유지하기 위해 자아가 무의식적으로 유아기의 상태로 되돌아가는 퇴행의 행동을 하는 것을 말한다.

부정

부정(denial)이란 자신이 의식적으로 용납할 수 없는 생각, 감정, 욕구 또는 외부 현실에 대한 인식을 회피하는 경향을 말한다. 예를 들어 자신의 여자친구가 바람 피운 것을 인지하였음에도 불구하고 "아니야, 그녀가 그럴 리 없어."

하고 부정한다. 이 기제 역시 무지를 강화한다.

우리는 무지 속에서 살고 있고 또 생존을 위한 방어기제의 작용으로 무지가 강화되고 있는 상황 속에서 살고 있다. 그럼에도 불구하고 우리는 자기 자신과 우리 모두의 행복을 위해 무지에서 벗어나야 한다. 무지 속에서는 마음의 자유와 평화를 얻을 수 없고 진정한 행복을 누릴 수 없기 때문이다. 우리는 우리의 행복을 위해서 무지에서 해방될 수 있는 길을 찾아나서야 한다. 그 길은 오직 통찰 수행으로 가능하다.

무지로부터 해방

먼저 파툴 린포체의 운문을 보자.

무지에 의해 주조된 생각을 당연시하지 말고
무지의 본성 자체를 보라.
스스로 일어나 스스로 사라지는 생각들은
알아차림의 빈 공간(awareness-void).

알아차림의 빈공간은 법계체성지(法界體性智)*와 다르지 않다.

'무지에 의해 주조된 생각'이란 우리의 습관에 의해 길들여진 패턴에 따라 계속하여 일어나는 생각, 느낌 그리고 지각이다. 이것은 자신의 업(karma)의 현현이다. 앞서 설명하였던 두려움이나 불안, 억제, 투사, 퇴행 그리고 부정 등도 생존을 위한 방어기제로 작용하는 조건반사신경이다. 이들 주조된 생각과 기제를 습관적으로 사용하면 우리는 그것들을 영구적으로 사용하게 될 뿐이다.

이것들은 우리가 사물을 투명하게 보는 통찰을 방해한다. 여기서 우리는 '무지의 본성 그 자체를 보라'라는 파툴 린포체의 진리의 말씀을 받아들이고 명심해야 한다. 이 말씀은, 우리의 모든 생각, 느낌, 그리고 지각이라는 것은 과거에 형성된 우리의 습관이 그들 스스로를 드러내고 있는 것임을 인식하라는 뜻이다. 그것들을 알아차림의 눈으로 바라보고 그것에서 깨어나라는 것이다.

우리는 무지의 늪에서 헤어나기 위해 무지에 의해 주조

* 법계체성지(法界體性智)란 있는 그대로의 본성을 아는 지혜로, 모든 분별이 끊어진 상태에서 있는 그대로의 본성을 아는 지혜이다.

된 생각, 느낌 그리고 지각을 알아차림의 눈으로 바라보아야 한다. 알아차림의 눈으로 무지의 본성을 볼 때 우리는 무지에서 해방될 수 있는 계기를 마련할 수 있다.

이 길을 보다 구체적으로 언급하면 다음과 같다.

탐욕이 돋아나는 것을 알아차리는 길이요,
분노가 일어나는 것을 알아차리는 길이요,
질투와 시기가 생기는 것을 알아차리는 길이요,
자만심이 자라나는 것을 알아차리는 길이고,
두려움과 불안에 떠는 것을 알아차리는 길이요,
비열해지고 비굴해지는 것을 알아차리는 길이요,
미움이 음습해오는 것을 알아차리는 길이요,
경쟁자를 비난하고 있는 자신을 알아차리는 길이요,
맹목적 용기가 솟아오르는 것을 알아차리는 길이요,
그 용기에 따라 어리석게 행동하고 있는 자신을 알아차리는 길이다.
그리고 자신의 신념과 태도가 서서히 어떻게 자리잡았는지를 알아차리는 길이다.

이와 같이

자신이 지금 무지에 빠지고 있음을 알아차리는 길이요,
그리고 자신이 무지에 빠져서 살아왔음을 알아차리는 길이다.

나아가 이 길은

내가 누구인지를 깨닫는 길이고,
나의 삶이 상호 의존 속에서 영위되고 있음을 깨닫는 길이고,
마침내 나의 삶의 진정한 의미를 깨닫는 길이다.

알아차림의 눈으로 자신의 마음을 바라봄으로써 무지의 어둠에 빠지지 않을 수 있고 또 그것에서 벗어날 수 있다. 그리하여 새로운 밝은 삶의 길에 들어설 수 있다. 이렇게 우리는 알아차림의 눈으로 무지를 바라보면서 알아차림의 근력을 키워나가는 수행으로 점차 무지에서 해방될 수 있다.

다음의 게송을 음미하자.

세상이 그대의 마음을 어지럽히면 자신을 지켜보며 깨어 있으라!

마음이 산란해지지 않도록!

마음이 산란해지는 순간은 무지가 당신을 장악하는 순간이다. 이 순간은 알아차림이 없는 순간이다. 알아차림이 없는 삶, 그 삶은 무지 속에서 헤매고 있는 삶이다. 따라서 우리는 알아차림의 눈으로 내 마음과 몸을 보고, 타인의 마음과 몸을 보고, 사물을 보고, 공간을 보고 그리고 상황을 지켜봄으로써 무지에서 해방될 수 있다. 만약 당신이 이렇게 계속 수행한다면 당신의 마음은 더욱 지혜로워져 당신은 보다 더 자유롭고 평화로워질 것이다.

알아차림 안에서 안식하기

통찰명상의 과정에서 정좌 마음챙김수행의 안식화 단계는 알아차림 안에서 쉬는 단계이다. 이 단계는 우리 경험의 모든 것 한가운데서 그 경험들을 바라보면서 안식하는 단계이다. 이 단계에서 쉬는 방법을 다시 한번 더 검토하자.

안식화 단계의 시작은 맨 먼저 나의 몸 전체에 대한 알아차림으로부터 시작한다. 접지화에서는 몸의 어떤 부분에 대한 느낌을 알아차렸지만 안식화에 들어서서는 몸 전체를 대상으로 하는 알아차림의 문을 연다. 몸 전체를 알아차림의 눈으로 바라본다. 계속하여 알아차림 한다.

다음에는 외부의 공간에 대한 알아차림이다. 당신 주변에 있는 모든 것, 즉 사람, 사물 그리고 이것들 사이에 있는 공간도 알아차린다. 당신은 이 공간 안에서 편하게 쉴 수 있다. 그리고 편안하게 쉬어본다.

다음은 당신의 내면으로 들어간다. 이제 당신은 당신의 삶의 경험에서 일어나는 어떤 생각, 느낌, 지각을 알아차린다. 그리고 이것들 사이에 있는 공간도 알아차린다. 당신은 그 공간에서 쉬어본다. 물론 당신이 어떤 분별을 하고 있음을 인식하였을 때는 방금 당신의 분별 앞에 있었던 공간으로 되돌아와야 하지만 만약 분별이 너무 지나치면 호흡이나 소리 지원의 도움을 받는다.

이렇게 알아차림의 수행을 계속해 나가면 당신의 알아차림이 더욱 진전되고 강화되어 당신은 외부 공간이나 내부 공간에 대한 어떤 구별이 없는 상태의 경지에 도달하게 된다. 다만 알아차리기만 할 뿐 다른 어떤 생각이나 느낌이나 지각이 없는 경지에 이르게 된다. 이 경지의 알아차림을 '선택 없는 알아차림(choiceless awareness)'이라 하고 이러한 알아차림의 통찰을 '열린 알아차림 명상(open awareness meditation)'이라 한다. 열린 알아차림의 명상을 즐기고 있는 당신은 깨달음의 순간에 한걸음 더 가까워진 명상가이다.

알아차림의 수행으로 당신의 내면에 있는 불건전한 요소들이 점진적으로 그리고 불가역적으로 제거되기 시작한다. 알아차림의 수행으로 당신의 업 속에 숨겨져 있던 오염의 때가 드러나고 벗겨지고 치유되기 시작한다. 당신의 자기중심적 선호시스템이 점차 약화되고 당신의 마음에 새로운 형태의 이타적(利他的) 시스템이 자리 잡기 시작한다.

이제 당신은 이웃과 더불어 살아갈 수 있는 세상을 꿈꾸기 시작한다. 당신은 자기 자신만의 이익을 위해 살아왔던 과거의 당신에서 이웃의 삶에도 관심을 기울이는 사람으로 변모해가고 드디어 당신은 온 우주와 더불어 같이 살아간다는 느낌을 갖기 시작한다. 이 느낌 속에서 당신은 온 세상의 참 진리를 구현하는 새로운 모습의 사람으로 변모해간다.

이렇게 변해가는 당신은 자신의 내면의 고통에 점점 덜 반응하게 되고 그 고통을 연민의 마음으로 바라볼 수 있는 사람으로 변한다. 당신은 알아차림이라는 봄(seeing) 속에서 당신이 짊어지고 있는 업 속에 오염되어 있는 때를 벗겨내고 치유하면서 변해가고 있다. 언젠가 이 치유가 끝나면 당신은 무지에서 완전히 벗어날 것이다.

당신은 지금 일찍이 붓다가 『디가니까야』와 『맛지마 니까야』에서 가르친 사념처 명상, 그리고 위대한 명상가 지두 크리슈나무르티(Jiddu Krishnamurti)가 설파한 "봄이 행이다(The Seeing is The Doing)"라는 말씀을 수행하고 있다. 이러한 수행자 당신 역시 위대한 수행자이다.

지금 당신은 열린 알아차림의 빛으로 당신의 모든 경험들을 알아차리면서 안식하고 있다. 열린 알아차림의 이 순간은 알아차림만이 존재하는 위대한 통찰의 순간이다. 이 통찰을 즐기고 있는 당신은 진정 지혜로운 삶의 길에 들어섰다.

수행 교실

44. 무지로부터 해방될 수 있는 방법을 강구해본다.
45. 무지를 강화하는 기제들을 설명해본다.
46. 열린 알아차림 명상이란 어떤 명상인가?
47. '봄이 행이다'의 뜻을 진술해본다.

16

지혜로운 삶

열린 알아차림의 빛 속에서 통찰을 즐기고 있는 이 순간은 당신의 업을 오염시키고 있던 때가 드러나고 벗겨지고 치유되고 있는 순간이다. 이 순간 당신은 당신의 내면의 고통에 점점 덜 반응하게 되고 그 고통을 연민의 마음으로 바라볼 수 있게 된다. 나아가 당신은 타인의 고통도 연민의 마음으로 바라볼 수 있게 된다. 그리하여 당신의 마음이 더욱 자유롭고 평화로워져 당신은 점점 더 지혜로운 삶을 살 수 있게 된다.

이와 같은 지혜로운 삶의 길은 정형화된 삶의 모습으로 드러나지 않는다. 사람들의 삶이 너무나 다양하고 깨달음의 경지가 서로 다르기 때문이다. 따라서 지혜로운 삶의 모습은 깨달음과 수행의 깊이에 따라 각양각색의 모습으로 드러난다. 다만 여기에서 말씀드릴 수 있는 것은 당신은 당신의 수행이 도달한 돈오점수(頓悟漸修)의 경지에 따라 그에 상응하는 지혜로운 삶을 살게 될 것이라는 점이다.

우리는 지혜로운 삶을 살아간 수많은 위대한 선인들을 볼 수 있지만, 여기서 그들의 지혜로운 삶을 모두 열거할 수는 없다. 그래서 이 장에서는 통찰명상 수행의 결과로 드러난 지혜로운 삶의 모습의 전형 하나를 제시하는 것으로 만족하고자 한다. 여기에서 제시하는 모델은 어느 무명 명상가의 깨달음의 경지를 펼쳐 보이는 것이다. 무명 명상가가 제시한 길을 따라가 보자.

이 길은 오랜 통찰명상 수행의 결과로 영근 다음의 다섯 개 삶의 길을 거쳐 마침내 도달한 하나의 삶의 길이다. 먼저 다섯 개 삶의 길을 열어 보이고 그다음에 최종의 삶의 길을 열어 보인다.

먼저 다섯 개 삶의 길을 제시한다.

- 단순한 삶
- 지금 여기의 삶
- 상호 연결의 삶

• 청정한 삶

• 자애로운 삶

이들 삶의 길은 이해 수준으로는 알 수 없는 삶의 길이다. 나와 세상에 대한 바른 견해와 직접적인 체험으로 얻은 깨달음과 그리고 오랜 세월 동안 갈고 닦은 수행으로 몸과 마음이 체득한 삶 없이는 알 수 없는 길이기 때문이다. 깨달음과 수행 없이는 이러한 삶을 체득할 수 없다.

그러나 만약 당신이 깨달음과 수행의 결과로 이와 같은 경지에 도달하게 되면 당신은 곧 당신의 삶의 진정한 의미를 깨닫게 될 것이고 삶의 진정한 의미를 깨달은 당신은 마침내 통찰의 한가운데서 순수 알아차림의 삶인 무심의 경지에 들어서게 된다. 무심의 경지가 무아의 경지이다. 만약 당신이 무아의 경지에 들어서게 되면 당신은 다음과 같이 살게 될 것이다. 이 길이 당신이 도달한 마지막 삶의 길이 될 것이다.

• 무아의 삶

지금부터는 지구상에서 먼저 삶을 살다 간 위대한 선인

들의 주옥같은 말씀인 경구를 활용하여 무명 명상가가 위에서 펼쳐 보인 다섯 개 삶의 길과 최종의 길, 즉 무아의 삶의 길을 간접적으로 증명하고자 한다. 이들 삶의 길이 바른 길임을 입증하기 위해 각각 세 명의 선인들의 말씀을 제시하여 음미한다.

● 단순한 삶

"삶의 의미를 깨달은 사람은 무익한 헛된 것을 위해서는 더 이상 수고하지 않는다." —장자

"간결하게 또 간결하게 더욱 간결하게 살아라!" —헨리 소로

"마음이 단순한 사람은 삶이 단순하다." —춘강

당신은 단순한 삶을 살고 있기 때문에 알아차림을 즐길 수 있는 여유가 있다.

● 지금 여기의 삶

"신은 오직 현재만을 산다. 그는 지금의 당신을 보고 지금의 당신을 품는다. 지금 여기에 살아 있는 당신만을 볼 뿐이다."
—마이스트 에크하르트

"현존 속으로 깊어질 때 실재 안으로 더욱 더 깨어날 때 과거의 고통과 제약들로부터 해방될 것이다." —레오날드 제이콥선

"지난 일에 연연하지 않고 내일 일을 근심하지 않는다." —에크하르트 톨레

당신은 과거와 미래에 집착하여 시간을 낭비하지 않고 현재의 삶을 충실히 살고 있기 때문에 삶을 낭비하지 않고 있다.

● 상호 연결의 삶

"구름이 없으면 비가 없다. 비가 없으면 나무가 자랄 수 없다.

나무가 없으면 종이를 만들 수 없다. 구름은 종이가 존재하는 데 필수불가결하다. 그렇기 때문에 구름과 종이는 '연결되어 있다'고 말할 수 있다. 이와 같이 우주에 존재하는 모든 것은 상호 연결되어 있다." —틱낫한

"우리가 파편적 방식으로 생각하기 때문에 파편을 본다. 이렇게 보는 방식이 세계를 파편적인 것으로 만든다." —수잔 그리핀

"이것이 있음으로 저것이 있고 저것이 있음으로 이것이 있다." —붓다

당신은 상호 연결의 삶을 살고 있기 때문에 항상 조화롭고 유연하며 이웃과 더불어 살아갈 수 있다.

● 청정한 삶

"채워지기를 원한다면 먼저 비워라. 채워야 할 모든 것이 채워지기 위해서는 반드시 먼저 버리고 비워야 한다." —성 어거스틴

"청정이란 모든 더러움이 없어진 지극히 청정한 열반이다. 청정에 이르는 도가 청정도이다. 도는 체득하는 수단이다." —붓다고사

"진실한 삶, 정의로운 삶, 지혜로운 삶에는 번뇌가 없다." —무명 명상가

당신은 청정한 삶을 살고 있기 때문에 더러움에 오염되지 않는다. 따라서 오염에서 벗어난 당신에게 번뇌는 없다.

● 자애로운 삶

"이 세상에 못된 사람이 되고 싶어서 된 사람은 아무도 없다." —소크라테스

"비웃지도 말고 울지도 말고 미워하지도 말고 그저 이해하라." —스피노자

"나는 간디에 가장 큰 찬탄과 존경심을 표합니다." —찬드라 키르티

당신은 자애로운 삶을 살고 있기 때문에 당신의 가슴에는 온 우주가 충만하다. 그리고 온 우주의 은혜 속에 당신의 삶이 충만하다.

통찰의 삶 속에서 알아차림을 즐기고 있는 당신은 오랜 다섯 길 수행에서 마침내 삶의 진정한 의미를 깨닫게 되고 무심의 경지에 들며 무아의 삶을 살게 될 것이다.

● 당신은 통찰 속에서 무아의 삶을 살게 될 것이다

"존재의 상호의존성을 기억하라!" —틱낫한

"오직 모를 뿐!" —숭산

"무심이 무아이다. 순수 알아차림의 삶이 곧 무아이다." —무명 명상가

당신은 오랜 통찰수행으로 자기중심적 선호시스템이 사라진 가장 아름답고 지혜로운 인간으로 새롭게 탄생하였다. 당신의 마음속에는 이타적 시스템이 서서히 자라나 새롭게 자리 잡았다. 이제 당신은 순수 알아차림의 삶인 무심의 경지에 들어섰다. 당신의 마음은 진정 자유롭고 평화롭다. 따라서 이 세상에서 당신만큼 행복한 사람은 없다. 당신은 이 세상에서 가장 지혜로운 사람이고 위대한 사람이다. 붓다가 그랬듯이.

그러나 명심하라!

당신이 인간으로 다른 사람과 함께 이 지구에서 살아가고 있는 한 당신은 다음의 말씀을 지금 곧 수행해야 한다.

"봄이 행이다."

알겠는가!

찾아보기

명상
아카데미

명상 아카데미
2016

Meditation Academy

명상아카데미 교육과정

I 마음을 찾는 길

1 새로운 삶의 길

2 명상 첫걸음

3 초심자의 명상

4 마음이란 무엇인가?

5 자아란 무엇인가?

II 마음을 수련하는 길

6 마음챙김 명상

7 통찰 명상

8 사념처 명상

9 만트라 명상

III 마음을 치유하는 길

10 역경을 극복하는 명상

11 유식학의 치유

12 트라우마 치유 요가수행

IV 마음을 넘어서는 길

13 순수 알아차림 명상

14 지혜의 길

왜 명상을 해야 하나?

• 우리 인간들은 자신이 누구인지를 모르고 있는 무지의 상태, 자신을 둘러싸고 있는 삶의 상호연결의 진리를 모르는 무지의 상태 그리고 삶의 진정한 의미를 깨닫지 못하고 있는 무지의 상태에서 자기중심적인 이기적 삶을 습관적으로 살고 있다. 오랜 삶의 진화과정에서 생존과 재생산을 위해 자기중심적인 이기적 존재로 오염되었기 때문이다.

• 우리 인간들은 자신이 몸담고 있는 집단과 사회의 사고방식에 경도된 편향된 삶을 습관적으로 살고 있다. 자신이 양육되고, 성장하고, 지금 살고 있는 집단과 사회에 의해 이미 길들여져 그 사회의 관습과 문화에 편향된 존재로 오염되었기 때문이다.

• 따라서 우리 인간들은 오염되어 있는 의식, 잠재의식, 무의식의 조종에 따라 길들어져 있는 욕망, 분노, 미움, 질투, 시기, 의심, 자만 등의 감정적 고통과 이로 인해 발생하는 스트레스, 불안, 우울 등의 고통의 속박에 묶여 한평생 노예처럼 수동적으로 살다 가는 어리석은 존재들이다.

• 그러나 우리 인간들은 이와 같은 무지의 삶에서 생긴 부정적 감정의 지배를 받는 습관적 삶에서 해방되어 자유롭고 평화롭게 살아갈 수 있는 능력을 본래 갖고 태어난 존재이기도 하다.

• 우리들은 이러한 우리 본유의 능력을 계발하고 발휘하여 존엄한 인간 존재로 행복하게 살아갈 수 있다. 그러기 위해서는 삶에 대한 통찰로 지혜를 계발해야 하며 오염되어 있는 부정적 감정의 습관의 때를 씻어 내는 수행이 필수적으로 요구된다.

• 명상이란 삶에 대한 통찰로 지혜를 계발하고 오염된 습관의 때를 씻어 내는 수행으로 마음이 자유로워지고 평화로워질 수 있도록 자신을 변화시키는 과정이다.

통찰

통찰명상 수행법

초판 1쇄 발행 2023년 4월 4일

지은이 구치모
펴낸이 강수걸
기획실장 이수현
편집장 권경옥
편집 오해은 강나래 신지은 이소영 이선화 김소원 이혜정
디자인 권문경 조은비
펴낸곳 산지니
등록 2005년 2월 7일 제333-3370000251002005000001호
주소 부산시 해운대구 수영강변대로 140 BCC 613호
전화 051-504-7070 | 팩스 051-507-7543
홈페이지 www.sanzinibook.com
전자우편 sanzini@sanzinibook.com
블로그 sanzinibook.tistory.com

ISBN 979-11-6861-136-8 03180

* 책값은 뒤표지에 있습니다.
* 잘못된 책은 구입하신 곳에서 교환해드립니다.